부동산 경매,
초보에서 탈출하라

Real Estate Auction

부동산 경매, 초보에서 탈출하라

배중렬, 장치근 지음

매일경제신문사

 프롤로그

경매 대중화 시대에
특수물건은
선택이 아닌 필수다

이른 아침, 두근거리는 가슴을 안고 입찰법정으로 향한다. 전날부터 밤잠을 설치며 기대하던 입찰기일이다. 떨림으로 볼이 발갛게 달아오를 정도다. 왠지 오늘 낙찰받을 것 같은 설렌 마음에 입찰봉투를 제출하는 두 손에 힘이 들어간다. 개찰시간이 되어 사건을 하나하나 호명할수록 가슴이 더욱 쿵쾅거린다.

'내 물건은 몇 명이나 입찰했을까? 3명? 5명?' 혼잣말을 하며 기다리는 사이, 드디어 입찰한 사건의 개찰순서다. 5명, 6명, 7명…. 끝도 없이 호명하는 이름. 결국, 25명의 입찰자 속에 끼어 입찰봉투를 돌려받고 뒤돌아선다. 낙찰가는 시세와 다름없다. 낙찰 기대감에 오전 내내 가슴 두근거린 게 무색할 정도다.

자, 이 상황이 마치 여러분의 얘길 하는 것 같지 않은가? 누구나 쉽게 분석할 수 있는 물건, 누구에게나 좋아 보이는 물건은 경쟁이 치열하다. 이런 물건은 높은 가격을 써야만 낙찰을 받을 수 있어 시세와 근접한 가격이나 그 이상으로 낙찰되는 경우가 많다. 우리는 수익을 위해 경매를 하지, 낙찰을 목표로 경매를 하지 않는다. 하지만 과열된 경쟁에 어느덧 수익보다 낙찰이 목표가 된 분들이 많다. 낙찰은 받았지만 수익은 없는(손해일 수도 있다) 허울 좋은 껍데기가 되고 마는 것이다. 지금처럼 활짝 열려 있는 경매 시장에서 누구나 입찰할 수 있는 물건을 노리면 결과는 뻔하다. 언제까지 수익의 기쁨을 누리지 못하고 패배의 한숨만 쉬면서 가장자리만 맴돌 것인가.

초보자들은 특수물건 권리분석을 어려워한다. 그리고 낙찰 후 처리 과정에서 소송이나 시간 지연에 부담을 느끼는 경우가 있는데 그러지 않아도 괜찮다. 일반물건보다 특수물건의 권리분석이 더 쉽거나, 처리가 더 빨리 되는 경우도 많다. 선택은 여러분 몫이다. 아무리 수차례 낙찰받아도 큰 수익을 내기 어려운 일반 경매만 고집할 것인가, 한 건만 성공해도 웬만한 직장인 1~2년분 연봉을 벌 수 있는 특수물건에 도전할 것인가? 부동산 경매 시장에서 특수물건은 극소수의 고수만 할 수 있는 전유물이 아니므로, 이제 경매를 시작하는 초보자라도 특수물건을 꼭 배우길 바란다.

이 책은 초보자들도 안전한 특수물건의 세계로 접근할 수 있게 돕는 든든한 가이드가 되어줄 것이다.

Part 1에서는 초보자들이 접근하기 쉬운 재매각 공략기법을 자세히 다뤘다. 재매각 발생원인 분석과 재매각 물건의 사례를 통해 경매 물건 속에 숨어 있는 함정을 살펴보고 배우면 금세 일취월장한 실력을 뽐낼 수 있을 것이다.

Part 2에서는 선순위 임차인으로 수익 내는 방법, 돈 되는 가장 임차인 찾아내는 방법, 가장 임차인 공략 사례와 가장 임차인 중에서도 피해야 하는 함정물건 등을 적었다.

Part 3에서는 유치권의 의미와 권리분석 공식, 유치권 깨트리는 공략방법, 성공 사례 등을 적었다.

Part 4에서는는 지분경매의 의미, 소액으로도 투자하기 좋은 이유, 지분물건 공략법과 처리 절차, 지분경매에서 피해야 하는 함정을 적었다.

Part 5에서는 고수익을 보장하는 법정지상권 사례별 권리분석, 법정지상권 깨뜨리는 공략법, 투자 대성공 사례, 돈 되는 법정지상권 물건 검색방법을 적었다.

이 책에는 필자가 그동안 특수물건에 도전하며 겪었던 다양한 경험들이 녹아들어 있다. 몇 년에 걸쳐 터득한 노하우를 이 책에는 쉽게 기술했는데, 그만큼 많은 분들이 특수물건을 두려워 말고 경험했으면 하는 바람에서다. 더불어, 아무리 좋은 비법도 머릿속에만 있으면 무용지물이니, 핵심 비법들을 활용해 여러분이 멋진 경매작품을 만들어가길 기대한다.

여러분의 특수물건 도전을 응원하며

배중렬(야생화), 장치근

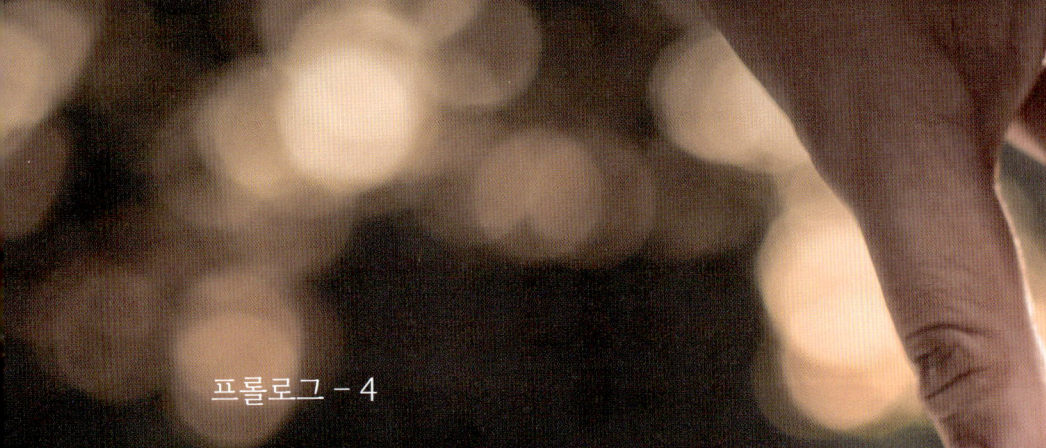

프롤로그 - 4

Part 1 재매각 편 :
초보자가 가장 쉽게 접근할 수 있는 특수물건

가장 쉽게 수익 낼 수 있는 특수물건, 재매각 물건 - 16
재매각 덕분에 3,000만 원 싸게 사다 - 18

1. 재매각 사건의 다양한 원인 분석
낙찰받기 전과 후가 다르다? - 24
'0' 하나 더 쓰는 치명적 실수 - 26
단독입찰을 두려워하는 초보자 - 29
2등과의 격차가 너무 큰 원인의 결과 - 31
감쪽같은 김 팀장의 작업의 결과 - 34
권리분석의 실패로 인한 잔금미납 - 37
부동산에 애착이 많은 소유자(채무자)의 작업 - 41

2. 함정이 도사리고 있는 경매 물건 사례
임차인의 권리신고를 오해하지 말자 - 46
다세대주택, 건물 용도를 파악하자 - 49
선순위 전세권자의 배당요구를 살피자 - 54
물건번호 많은 사건은 배당의 지연을 명심하자 - 57
〈Plus Tip〉 대항력 있는 임차인, 배당금 받아야 임차권 소멸 - 62
파놓은 함정을 볼 줄 알아야 한다 - 62

Part 2 선순위 임차인 편 :
큰 수익을 안겨주는 가장 임차인

1. 돈 되는 가장 임차인 찾아내기
꽃 중의 꽃, 가장 임차인이란? – 68
가장 임차인 가려내는 6가지 비법 – 71
선순위 임차인 물건 공략법 – 79
무상거주확인서의 효력은? – 85
무상거주확인서가 있어도 이런 물건은 피하라 – 89
등기부만 잘 봐도 수천만 원 싸게 살 수 있다 – 93
<Plus Tip> 가장 임차인 사례별 수익률 순위 – 97
가장 임차인과 이기는 협상하기 – 98
가장 임차인 적용 죄 – 99
<Plus Tip> 손쉽게 파악하는 가장 임차인 특징 –101

2. 가장 임차인 함정에 빠지지 않는 법
상가 임차보증금 1원에 숨은 함정 – 102
두 지위를 다 갖는 임차인 배당에 숨은 함정 – 108
토지와 건물 등기부가 다를 때, 임차인 배당의 함정 – 112
<Plus Tip> 신축건물, 담보물권 취득한 때가 기준이다 – 115
2년 간격으로 세 번이나 경매당한 아파트 사연 – 116

Part 3 유치권 편 :
경매의 함정, 유치권 정복으로 고수익 내는 법

1. 초보자도 쉽게 배우는 유치권

한눈에 파악하는 유치권 – 130
타인의 부동산이어야 한다 – 134
반드시 경매개시결정 전 점유는 필수! – 136
서로 관련이 있어야 인정된다 – 140
변제기간이 도래해야 인정된다 – 142
배제특약이 없어야 한다 – 145
<Plus Tip> 한눈에 살피는 유치권 불성립 사례 – 147

2. 섣불리 가짜라고 판단하지 말자

낙찰받은 건물이 다시 경매 나온 사연 – 148
<Plus Tip> 유치권 신고서 작성하는 법 – 154
분양대금 미납으로 인한 유치권 – 155
인테리어 대금 미납으로 인한 유치권 – 159
<Plus Tip> 유치권 포기 및 철회 신청서 양식 – 162
방어형 유치권 vs 공격형 유치권 – 164
<Plus Tip> 허위 유치권 신청자 처벌 – 166
유치권자가 경매 신청한 경우 유치권은 소멸된다 – 168
다른 경매 신청자와 경합하면 유치권은 소멸되지 않는다 – 170
경매로 고수익 상가 낙찰받는 비법 – 175
<Plus Tip> 유익비 VS 필요비 – 180

Part 4

지분경매 편 :
예측된 위험 극복, 고수익 소액투자

1. 돈 되는 지분경매의 비법

초보자도 수익 낼 수 있는 지분경매 – 184
한눈에 보는 지분경매 장단점 – 188
지분경매 방어, 공유자우선매수권의 비밀 – 191
<Plus Tip> 공유자의 상태를 파악하자 – 195
공유자에게 뺏긴다는 핑계는 그만 – 195
지분을 낙찰받아 수익 내는 법 – 197
<Plus Tip> 지분경매, 돈 되는 물건 고르는 법 – 200

2. 대항력 있는 임차인 유무에 따른 지분 공략법

대항력 있는 임차인이 배당요구를 하지 않았을 때 – 202
후순위 임차인은 대항력이 부활할 가능성 높다 – 204
한 지분권자의 권리가 깨끗할 때는 조심해야 한다 – 206
주택 전체에 최초 금융권 근저당이 설정된 경우만 안전! – 208

3. 실전 사례로 살펴보는 지분경매

토지 및 건물 지분 매각에서 수익 내는 법 – 211
건물 전부 및 토지 지분 매각에서 수익 내는 법 – 215
지분낙찰자가 구상권을 행사한 사례 – 219
공유 지분물건의 함정 – 223
대박 패턴의 지분물건 – 227

Part 5 법정지상권 편 : 원리만 알면 쉽게 풀리는 마법의 공식

1. 한눈에 이해하는 법정지상권, 관습법상 법정지상권
    초보자도 쉽게 배우는 법정지상권의 이해 – 234
    판례로 살펴보는 법정지상권 4가지 성립요건 – 236
    그림으로 보는 사례별 법정지상권 – 246
    토지 임차권(차지권)을 주의하자 – 251
    <Plus Tip> 토지 임대차 여부 어떻게 조사할까? – 258
    한번에 이해하는 관습법상 법정지상권 – 258
    그림으로 보는 사례별 관습법상 법정지상권 – 261

2. 지분과 법정지상권의 상관관계
    토지 공동소유에 따른 사례별 법정지상권 – 266
    건물 공동소유에 따른 사례별 법정지상권 – 271

3. 실전 경매로 살펴보는 법정지상권
    낙찰 후 처리의 함정을 조심하라 – 273
    시작은 좋았지만 끝이 부담인 함정에 빠지다 – 275
    훗날 벌어질 태풍을 짐작 못하는 낙찰자 – 280
    <Plus Tip> 서로 승리하는 토지 낙찰 자세법 – 286
    법정지상권 공략 실패 사례 – 288
    공동저당권인데 토지만 경매로 진행된 이유 – 292
    토지와 건물의 등기부가 다를 때 배당의 함정 – 296
    법정지상권 물건의 대박 패턴 – 300
    <Plus Tip> 토지 낙찰자, 법정지상권 불성립하는 지상 건물 대처법 – 302

에필로그 – 304

Part 1

재매각 편 :
초보자가 가장 쉽게 접근할 수 있는 특수물건

가장 쉽게 수익 낼 수 있는 특수물건, 재매각 물건

'음…. 이건 아무래도….'
물건을 검색하던 김진희 씨 마음이 갈팡질팡한다. 모처럼 마음에 드는 아파트를 발견했는데 문제는 재매각 사건이었다. 이 지역에 실거주할 절호의 기회라고 여겼는데, 재매각인 이유로 마음이 무겁다. 권리분석 결과 등기부 상의 권리는 모두 소멸되며 인수할 임차인이 있는 것도 아니다. 겉으로 보기엔 아무 문제가 없어 보이지만 그래도 재매각은 마음이 꺼림칙하다. 물건은 욕심나지만 마음에선 이미 불안감이 싹트고 있다.
'휴…. 재매각엔 다 이유가 있겠지….'
긴 숨을 내쉬며 김진희 씨는 입찰을 포기하기로 마음먹었다. 재매각까지 나온 물건에 불안하게 입찰하기보다는 깔끔한 물건에 입찰하는 게 백번 나을 것 같다.

재매각 사건이란 누군가 낙찰을 받았지만, 사정에 의해 낙찰자가 잔금을 치루지 못해 다시 경매가 진행되는 것을 말한다. 이 경우 전 낙찰자의 입찰보증금 10%는 법원에 몰수된다. 전 낙찰자가 보증금을 날리면서까지 잔금 납부를 포기한 데 대해, 해당 물건에 뭔가 중대한 하자가 있다고 느끼는 초보자들은 재매각 물건에 입찰하길 꺼리는 경향이 있다. 앞선 김진희 씨 경우도 마찬가지다.

재매각 물건인 경우 최저입찰가는 저감되지 않고 종전 입찰가와 동일하다. 예를 들어 감정가 3억 원의 물건이 1회 유찰되어 최저매각가격이 20% 저감된 2억 4,000만 원일 때, 누군가 2억 5,000만 원에 낙찰받은 경우를 보자. 낙찰자의 입찰보증금은 2,400만 원(최저매각가격의 10%)인데, 잔금납부기한까지 대금납부를 하지 않으면 입찰보증금은 법원에 몰수되고 해당 사건은 다시 경매가 진행된다. 이때 다시 유찰되는 게 아닌 종전과 동일한 2억 4,000만 원이 최저매각가격이다. 이렇게 재매각으로 나온 사건은 입찰보증금으로 최저매각가격의 10%가 아닌 20% 또는 30%(법원마다 차이 있음)를 내야 하므로 입찰자의 부담이 더욱 가중된다. 만약 재매각 사건이 아니었다면 2,400만 원의 입찰보증금을 내고 입찰할 물건이 재매각 사건이란 이유로 4,800만 원 또는 7,200만 원의 입찰보증금을 내야 하니 초보자들은 더욱 겁이 나는 것이다. 입찰이 잘못되기라도 한다면 4,800만 원 또는 7,200만 원이 날아가기 때문이다. 이런 이유로 초보자들은 권리분석의 하자 유무를 따져 보지도 않고 무조건 해당 물건을 기피하기 때문에 낙찰가가 현저히 떨어지는 경우가 많다.

하지만, 생각을 바꿔보면 재매각 사건은 매력적인 물건이 된다. 이전에 몇 명이 입찰했고, 1등과 2등과의 금액 차이도 알 수 있기 때문에 속이 뻔하게 보이는 물건이다. 간단한 권리분석만으로도 하자를 미리 치유할 수 있고, 이전 입찰자의 수와 입찰 금액 정보를 활용해 경쟁력 있는 입찰가로 낙찰받아 큰 수익을 낼 수 있기에 다년간 경매를 해본 입찰자들은 재매각 물건을 더욱 선호한다.

재매각 덕분에 3,000만 원 싸게 사다

재매각으로 낙찰된 사례

해당 아파트의 외부 전경

인천의 한 아파트가 경매에 나왔다. 감정가 1억 9,300만 원인 물건이 1회 유찰되었을 때, 누군가 1억 3,550만 원에 낙찰을 받았다가 잔금을 미납해 재매각이 진행된 사례다.

첫 번째 낙찰자가 잔금을 미납한 이유를 유추해보자. 우선 권리분석의 하자 여부를 보기 위해 등기사항전부증명서와 매각물건명세서를 통해 임차인 현황을 보자.

No	접수	권리종류	권리자	채권금액	비고	소멸여부
1(갑2)	2018.01.19	소유권이전(매매)	이형■			
2(을1)	2018.01.19	근저당	한국■■축협	153,600,000원	말소기준등기	소멸
3(갑3)	2018.08.16	가압류	삼성카드(주)	10,147,064원	2018카■	소멸
4(갑4)	2018.08.31	가압류	효성캐피탈(주)	90,318,354원	2018카■	소멸
5(갑5)	2018.09.28	가압류	서울보증보험(주)	30,000,000원	2018카■	소멸
6(갑6)	2018.10.01	가압류	신김포농협	5,100,329원	2018카■	소멸
7(갑7)	2018.10.12	임의경매	한국■■축협	청구금액: 127,333,790원	2018타■	소멸
8(갑8)	2018.11.29	가압류	신용보증기금	150,911,712원	2018카■	소멸
9(갑9)	2018.12.19	압류	김포세무서			소멸

해당 사건 집합건물 등기부

사건	2018타경■■ 부동산임의경매	매각물건번호	1	작성일자	2019.07.23	담임법관 (사법보좌관)	박용■	
부동산 및 감정평가액 최저매각가격의 표시	별지기재와 같음	최선순위 설정		2018.1.19. 근저당		배당요구종기	2019.01.03	

점유자 성 명	점유 부분	정보출처 구 분	점유의 권 원	임대차기간 (점유기간)	보증금	차임	전입신고 일자, 사업자등록 신청일자	확정일자	배당 요구여부 (배당요구일자)
오○주		현황조사	주거 임차인		50,000,000		2018.01.25		
	전부	권리신고	주거 임차인	2018.1.27.-20 20.1.26.	50,000,000		2018.1.25.	2018.1.25.	2018.10.23

해당 사건 매각물건명세서

  2018년 1월 19일 근저당이 말소기준등기이므로 등기부상 인수되는 권리가 없다. 임차인 오○주의 전입일자가 2018년 1월 25일로 말소기준등기보다 늦어 후순위임차인이므로 대항력이 없다. 또한 소액임차인이므로 보증금 5,000만 원 중 2,700만 원을 가장 먼저 배당받으니 명도의 어려움도 크진 않을 것으로 예상된다. 그럼에도 첫 낙찰자는 단독입찰이라는 두려움에 잔금을 미납했고, 재매각이 진행되어 약 1억 900만 원에 낙찰된 것이다.

싸게 살 수 있는 기회

재매각은 정상 매각보다 싸게 살 수 있는 장점이 있다. 전 낙찰자가 보증금을 몰수당하면서까지 잔금을 미납한 데는 뭔가 중대한 하자가 있다고 느껴져 초보자들이 입찰을 꺼리기에 경쟁자가 줄어들기 때문이다. 그렇다면 앞 사례의 낙찰자가 다른 낙찰자들보다 얼마나 싸게 낙찰받았는지 동일지번 매각사례를 통해 알아보자.

동일 지번 매각 사례들

비슷한 시기에 경매 진행된 다른 호수들의 낙찰가는 1억 2,700만 원~1억 4,600만 원까지 다양하다. 다른 호수들은 정상 매각이었고 사례의 아파트만 재매각 사건이었다. 즉, 물건에 하자가 없음에도 재매각이란 이유만으로 입찰하는 사람이 줄어드니 상대적으로 저렴한 가격인 약 1억 900만 원에 낙찰받을 수 있는 것이다. 이렇듯 권리에 하자가 없는데도 재매각이란 이유로 저렴하게 낙찰받는 경우가 많다.

　재매각된 또 다른 사례를 보자. 감정가 4억 2,000만 원의 아파트를 3억 2,000만 원에 낙찰받은 사람이 잔금을 미납하자 재매각으로 2억 6,700만 원에 낙찰받았다. 기존 낙찰자보다 5,300만 원 저렴하게 낙찰받은 것이다.

재매각으로 낙찰된 사례

매도 우위를 점할 수 있는 재매각 물건

　사람들은 시세 차익을 목적으로 경매 낙찰을 받는다. 매도 시 높은 가격에 내놓으면 소비자의 외면을 받을 게 뻔하니 팔릴 수 있는 가격은 정해져 있다. 따라서 싸게 살수록 많은 시세 차익을 누릴 수 있다. 또한, 물건을 빨리 팔려면 매도가를 낮추면 되는데, 재경매를 통해 저렴하게 낙찰받을수록 매도가를 낮출 수 있으니 물건이 빨리 거래된다. 이렇듯 권리상의 하자가 없는 재매각 물건은 여러분에게 큰 수익을 안겨줄 수 있으니 꼭 관심을 가지길 바란다.

재매각 사건의
다양한 원인 분석

재매각 사건의 원인은 대부분 낙찰가가 높기 때문이다 (80% 이상). 고가 낙찰의 원인을 분류하면, 시세파악을 잘못한 경우와 입찰가 기재를 잘못한 경우가 있다. 다음으로 단독 낙찰로 인한 두려움과 불안감으로 보증금을 포기하는 경우, 1등과 2등과의 격차가 너무 커서 보증금을 포기하는 경우, 컨설팅 작업의 결과로 보증금을 포기하는 경우도 있다. 권리분석에 실패해서, 즉 인수해야 할 부분이 있는데 이를 입찰가에 반영하지 않고 낙찰받아 잔금을 미납하는 재매각 사건이 나오기도 하는데, 권리분석 실패로 인해 나오는 재매각 물건은 많은 비중을 차지하지 않는다. 이외에도 잔금납부가 계획대로 되지 않았을 때, 부동산에 애착이 있는 소유자(채무자)가 일정 기한을 벌기 위한 경우 등이 있을 수 있다.

재매각 사건의 경우 당사자인 전 낙찰자 외에는 보증금을 미납한 원인을 정확히 알 수는 없다. 하지만 등기사항전부증명서(등기부등본), 임차인현황, 문건송달 내역 등을 통해 해당 물건에 얽힌 스토리를 풀어나가면 그 원인을 유추해낼 수 있고, 투자에 활용해서 일반물건보다 큰 수익을 낼 수 있을 것이다.

낙찰받기 전과 후가 다르다?

'확증편향'이란 말이 있다. 심리학에서 말하는 이 뜻은, 자신의 믿음에 부합되는 정보는 재빨리 받아들이지만 이와 반대되는 정보는 무시해버리거나 자신의 믿음을 보강하는 정보로 해석하는 편견을 말한다. 즉, 보고 싶은 것만 보고, 듣고 싶은 것만 듣고, 믿고 싶은 것만 믿는 사람의 오류를 말하고 있다. 예를 들어 한 영화를 볼까 말까 망설일 때 보겠다는 마음이 더 강하면 '강추'를 하는 댓글에 더 눈길이 가고, 반대로 보고 싶지 않은 마음이 크면 '볼 것 없다', '실망이다'라는 댓글에 눈길이 가는 식이다. 많은 선택사항을 참조해 결정을 내리기보다 그중에서 자신이 원하는 바와 유사한 댓글을 보고 결정을 내리는 것이다.

경매에서도 이와 같은 확증편향 현상이 나타난다. 특히 초보자일수록 임장 시 보고 싶은 것만 보고, 듣고 싶은 말만 듣고 오기 때문에 낙찰받기 전에는 좋았는데 낙찰받고 나니 안 좋은 경우가 많다. 예를 들어 보면, 초보자들은 부동산 중개업소에 찾아가 이 근처 물건을 얼마에 '살 수' 있을 지를 물어본다. 진짜 매수인인 척하고 말이다. 부동산 소장님들은 매수인에게 좋은 점을 얘기할 수밖에 없다. 근처엔 좋은 시설이 뭐가 있느니 나열을 하고, 시세는 2억 원은 줘야 살 수 있다는 둥 한껏 자랑하기 여념이 없다. 소장님과의 대화에서 확신을 얻은 초보자는 2억 원의 시세를 감안해서 1억 8,000만 원에 낙찰을 받았다.

낙찰을 받고 다시 부동산 중개업소를 방문한 초보자는 이번에는 해당 빌라를 콕 짚어 '팔 수' 있는 가격을 물어본다. 하지만, 이번에는 소장님이 여기는 유해시설로 뭐가 있다는 둥 단점을 한참 늘어놓은 뒤 '1억 7,000만 원이면 그나마 팔리지 않을까'라고 말한다.

"아니 저번에 소장님이 2억 원에 팔릴 수 있다고 했잖아요?"라고 물어도 "저번에 해당 빌라를 물어본 게 아니지 않느냐? 인근 빌라 가격 사정을 말해 준 것이다"란 답변이 돌아온다. 소유권 이전 부대비용에 명도비용까지 더하면 500~600만 원은 족히 소요되므로 이건 낙찰받자마자 손해가 뻔하다.

부동산 시세파악 오류로 인한 재매각 사건은 특히 빌라(다세대주택)에서 많이 일어난다. 빌라는 아파트처럼 다수의 동일세대가 존재하는 게 아닌 개별 건물이 많아 비교사례를 측정하기 어렵기 때문이다. 건물상태도 마찬가지다. 건축연도와 건물 관리에 따라 노후도가 천차만별인 빌라는 더욱 신중히 시세 파악을 해야 함에도, 보고 싶은 것만 보고 듣고 싶은 시세만 듣고 입찰하는 우를 범하면 결국 잔금미납으로 연결될 수 있다.

시세 파악 오류로 잔금을 미납한 사례

'O' 하나 더 쓰는 치명적 실수

누구나 살면서 사소한 실수는 할 수 있다. 하지만 경매법정에서 사소한 실수는 결코 사소하지 않은 결과로 이어진다. 대표적으로 입찰가에 'O'을 하나 더 쓰는 실수로 잔금을 미납하게 되는 것이다.

약 41억 원으로 낙찰받았다가 재매각된 사례

5억 6,600만 원의 감정가의 해당 부동산은 두 차례의 유찰을 거쳐 최저가가 3억 6,200만 원이었다. 하지만 어찌된 일인지 입찰자가 '0'을 하나를 더 쓰는 실수를 하면서 41억 원으로 낙찰을 받은 사례다. 결국 낙찰자는 3,600만 원이 넘는 입찰보증금을 날리게 되었다.

약 92억 원으로 낙찰받았다가 재매각된 사례

또 다른 사례도 이와 같은 경우다. 최저가 약 9억 1,300만 원의 물건을 '0'을 하나 더 쓰며 92억 원에 입찰해 결국 잔금미납으로 9,100만 원이 넘는 입찰보증금이 몰수된 경우다.

앞의 두 경우 모두 낙찰자가 매각불허가신청을 했지만 받아들여지지 않고 매각허가가 진행되면서 결국 잔금미납을 하게 됐다. 2010년 대법원이 입찰표 오기입을 매각불허가 사유로 인정하지 않으면서 최저입찰가의 10%에 해당하는 보증금을 포기하는 사태가 속출하고 있다. 따라서 이런 경우 입찰표 오기입보다는 부동산의 하자 등의 다른 문제를 찾아 매각불허가를 신청하는 게 승산이 있다.

> 민사집행법에 의한 부동산 경매 절차에서는 민사집행법 제121조 각 호 및 제124조 제1항에 규정된 사유가 아닌 이상 매각을 불허할 수 없고, 최고가매수신고인이 착오로 자신이 본래 기재하려고 한 입찰가격보다 높은 가격을 기재하였다는 사유는 민사집행법 제121조 각 호 및 제124조 제1항의 어디에도 해당한다고 볼 수 없으므로, 결국 그러한 사유로는 매각을 불허할 수 없다고 할 것이다(대법원 2009마2252 판결).

'0' 하나 더 쓰는 실수는 초보자 뿐 아니라 경력자에게도 종종 나타난다. 너무도 허무하게 입찰보증금을 날리는 사태에 직면하지 않기 위해선 입찰가격을 보고 또 보는 검토과정을 거쳐야 한다. 또한 이런 실수를 하는 근본적인 이유는 법원에 늦게 도착해 시간에 쫓겨 헐레벌떡 입찰표를 적다보면 생기는 경우가 많으므로 반드시 법원에 일찍 도착하는 습관을 갖는 게 좋다. 그리고 재매각 사건은 입찰보증금이 20%(법원마다 다소 차이 있음)이므로 다음 입찰자는 보증금 준비에 착오가 없어야 한다.

단독입찰을 두려워하는 초보자

여러분이 한 물건에 입찰을 했다. 두근거리는 가슴을 안고 발표를 기다린 결과, 해당 물건에 입찰자가 혼자다. 단독입찰로 낙찰된 것이다. 이때 여러분의 머릿속은 어떤 생각일까? 최고가매수인의 보관금 영수증을 받으러 법대 앞으로 나가면서도 갖은 생각이 떠오를 것이다.

'아…. 왜 단독입찰이지? 혹시 내가 알아채지 못한 문제가 있는 거 아냐?'

초보자일수록 낙찰의 기쁨 대신 두려움과 후회가 몰려온다. 권리분석의 문제도 없고 시세파악의 실수도 없었는데, 단지 혼자 입찰했다는 점이 영 맘에 걸린다. 기뻐해야 할 낙찰이 전혀 기쁘지 않다. 찜찜함을 떨쳐버릴 수 없었던 초보자는 잔금을 치를지 말지 고민하다 결국 잔금 납부를 하지 않으면서 보증금을 날리게 되고, 해당 물건은 재매각으로 등장하게 된다.

단독입찰 후 재매각 나온 물건 예시

경매 초보자와 경력자를 구분하는 것 중 하나는 단독입찰을 즐기느냐, 두려워하느냐의 차이다. 단독입찰 상황에 처하면 초보자는 당황한다. 뭔가 물건에 하자가 있는 것을 본인이 미처 모르고 입찰하는 실수를 저지른 것은 아닌지 우왕좌왕한다. 자신의 실력에 확신이 없기에 발생하는 일이다.

하지만 경력자는 다르다. 단독입찰을 즐긴다. 아예 단독입찰을 염두에 두고 최저가 근처의 가격으로 입찰해 낙찰받는 고수들도 있다. 결과적으로 이 물건에 단독입찰했다는 사실은 가치를 알아보는 사람이 그만큼 적다는 뜻이므로, 저가에 낙찰받아 고수익을 올릴 수 있다. 흙 속의 진주를 알아보는 경력자는 자신의 실력에 확신이 있으므로, 단독입찰을 전혀 두려워하지 않는다.

2등과의 격차가 너무 큰 원인의 결과

입찰 뒤, 낙찰자를 호명하기까지 기다리는 순간은 참으로 초조하다. 개찰 후 보통 사건번호가 빠른 순서부터 발표(일부 법원은 법정 안의 혼잡을 피하기 위해 입찰자가 많은 사건을 먼저 발표하는 경우도 있음)하는데 자신이 입찰한 사건번호의 결과가 다가올수록 심장이 두근거리고 손에 땀이 쥐어진다. 초미의 관심이 모이는 입찰결과 발표에서 여러 명의 입찰자를 제치고 당당히 최고가매수인(낙찰자)으로 선정되면 하늘을 날아갈 듯한 기쁨에 환호성이 절로 나온다.

하지만 사람 마음은 갈대와 같다고 했던가. 낙찰받아 뛸 듯이 기쁜 마음이 채 가시기도 전에 2등과의 낙찰금액 차이가 크게 벌어진 상황을 알게 되면, 과연 이 낙찰을 제대로 받은 게 맞나 하는 의심이 든다. 초보자일수록 불안한 마음에 의심이 더욱 커진다. 남들보다 높은 가격을 쓴 이유는 두 가지다. 시세파악을 잘못했거나, 낙찰받고자 하는 욕구가 지나치게 큰 경우다. 이런 경우 낙찰을 받고도 잔금을 치를지를 고민하다 결국에는 보증금을 포기하고 마는 것이다.

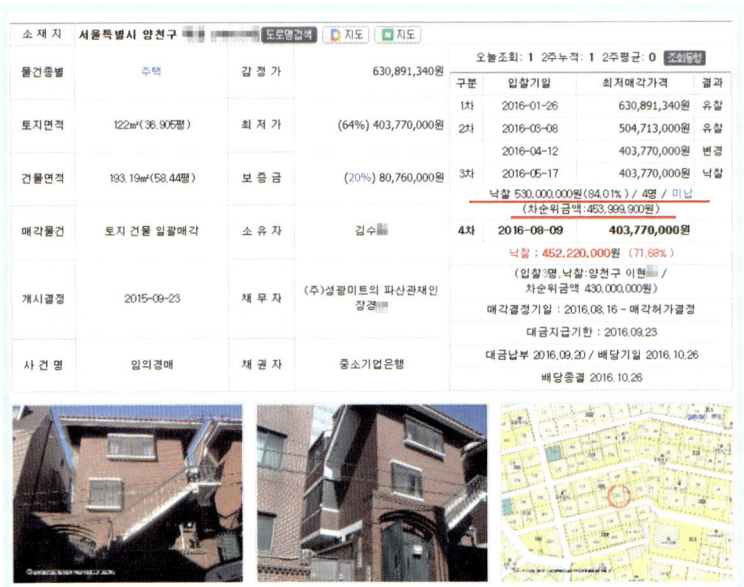

2등과 큰 격차로 재매각으로 나온 물건 예시

수익 나는 가격을 적어야 한다

"경매를 하는 이유는 뭘까요?"

수강생들에게 이런 질문을 드리면, 거의 대부분 돈을 벌려고 경매를 한다고 답한다. 경매의 목적은 돈을 벌기 위함 즉, 수익이 목적인데 경매를 좀 하다 보면 자신도 모르게 경매의 목적이 바뀌는 경우가 많다. 바로 '낙찰'로 말이다. 분명 수익이 목적이었는데 어느 순간 낙찰이 목적이 돼 버린 것이다.

전국적으로 경매 카페, 경매 학원마다 수강생이 있고, 여기서 배출되는 수강생이 수백 명이다. 이렇게 수백 명의 수강생들이 열심히 강의를 듣고, 희망에 부풀어 경매 법정에 가서 입찰을 한다. '나도 이번에 낙찰받아서 대박을 내리라….' 기대하면서 말이다. 그런데 입찰 결과를 보면 떨어진다.

'이상하다? 입찰만 하면 낙찰받아 바로 돈방석에 앉을 것처럼 보였는데, 왜 낙찰이 안 되지?'

왜 낙찰이 안 될까? 경매는 나 혼자 입찰하는 게 아니기 때문이다. 나 외에 누군가 경쟁자가 있고, 그 경쟁자들 중에 누군가가 나보다 높은 금액을 써내면 나는 떨어지게 된다. '그래, 한번은 떨어질 수도 있지….' 마음을 다잡고 며칠 후 다른 물건을 준비해서 다시 경매 법정을 찾는다. 그런데 이번에도 떨어진다. 그렇게 서너 번 연속으로 경매에서 떨어진다.

'흠…. 이건 뭔가 잘못된 거야. 분명 경매만 배우면, 돈을 쓸어 담을 줄 알았는데, 이거 뭐 돈을 벌기는커녕 낙찰도 안 되고 있잖아.'

그러면서 입찰 서류에 적는 입찰가가 수익이 나는 가격에서 낙찰받을 수 있는 가격으로 점점 변해간다. 경매의 목적이 수익에서 낙찰로 바뀌는 순간이다. 그렇게 목적이 바뀌면서 결국 낙찰을 받아 목적한 바를 이룬다. 하지만 이게 끝이다. 돈은 못 벌었다. 못 벌기는커녕 입찰보증금을 날리며 손해가 막심하다. 낙찰받겠다고 오기부리다 '경매 먹을 거 없네'라는 자조적 말을 남기며 경매 세계를 떠나는 경우가 발생하는 것이다.

감쪽같은 김 팀장의 작업의 결과

　입찰 대리를 도와주는 김 팀장은 낙찰이 되면 수수료를 받는다. 일반적으로 수수료는 감정가액의 1~1.5%다(업체마다 다를 수 있음). 감정가 3억 원의 물건을 2억 8,000만 원에 낙찰받으면 의뢰인은 300~450만 원 내외의 금액을 김 팀장에게 수수료로 지불하는 것이다. 이 수수료 중 일부금액은 계약금(착수금)으로 받고 나머지 금액은 낙찰이 됐을 경우 받는 구조다. 따라서 김 팀장은 의뢰인이 낙찰을 받아야 제대로 된 수수료를 받는다고 볼 수 있다. 다시 말하면, 어떻게든 낙찰을 받게 하려는 김 팀장의 욕심이 작용하게 된다.

분위기 잡는 김 팀장

　"이 부동산을 낙찰받고 싶어요. 감정가 3억 원인데 얼마에 낙찰받을 수 있을까요?"

　김 팀장을 찾아온 한 의뢰인이 조심스레 묻는다. 짐짓 고민하던 김 팀장이 종이에 2억 8,800만 원을 적는다.

　"네? 싸게 사려고 경매하는데 그 가격은 너무 높은 거 같아요. 저는 2억 6,000만 원 정도에 매수하고 싶어요."

　이런 경우, 김 팀장은 크게 고집부리지 않고 2억 6,000만 원의 가격에 입찰해준다. 결과는 예상대로 패찰이다.

　"자, 보셨죠? 그 가격은 떨어진다고 말씀드렸잖아요."

　"그러게요, 처음부터 김 팀장님 의견을 따르는 건데, 제가 너무 경매 물정을 몰랐네요. 꼭 낙찰받고 싶은 물건이었는데 아쉽습니다."

"괜찮습니다. 경매 물건은 많으니 또 다른 물건을 찾아보도록 하죠."

김 팀장은 아쉬워하는 의뢰인을 다독이며 다른 물건을 찾기 시작했다.

이윽고, 또다시 입찰할 물건을 찾았다. 가격을 고집했다가 떨어져 본 경험이 있는 의뢰인은 이제 고집부리지 않고 김 팀장에게 일임한다. 김 팀장은 당일 아침 법원 분위기를 살펴본 후 입찰가격을 정하자고 한다. 입찰 당일, 법원에서 의뢰인을 만난 김 팀장은 입찰서를 작성해야 한다는 이유로 옆의 매점으로 간다. 매점에는 이미 띄엄띄엄 사람들이 앉아 있다. 김 팀장은 매점 안을 천천히 한 바퀴 돌더니 의뢰인 옆에 앉으며 귀에 속삭였다.

"저 앞에 앉아 있는 파란 점퍼 입은 분요, 그분이 작성하는 입찰서를 봤는데, 우리와 같은 물건에 입찰을 하네요. 그분이 쓰는 가격대가 2억 8,700만 원대였으니 우리는 그보다 살짝 높이면 좋을 것 같아요. 아무래도 물건이 좋다보니 입찰자가 몰리고 있습니다."

김 팀장의 말을 들은 의뢰인의 눈이 번쩍 띄였다.

"같은 물건에 입찰한다니 저 사람보다 가격을 높여야죠. 팀장님 덕분에 이런 정보도 얻고 감사합니다."

"뭘요, 다른 사람의 동향을 살피는 것도 제 일인 걸요."

이렇게 가격정보를 파악한 김 팀장은 입찰가격을 높였고, 결과는 파란 점퍼 입은 입찰자를 간발의 차이로 누르며 낙찰이 되었다.

"와, 낙찰이에요. 낙찰!"

낙찰자로 호명되는 순간 의뢰인은 짜릿한 승리를 만끽하며 김 팀장을 얼싸안았다.

"거봐요, 제 예감이 맞았죠? 축하드립니다."

김 팀장의 축하까지 받고나자 의뢰인은 낙찰이 더욱 실감되었고, 약속했던 수수료를 모두 지급하면서 두 사람의 훈훈한 관계가 마무리되었다.

김 팀장의 꼼수

과연 의뢰인이 김 팀장의 예상대로 짜릿한 낙찰을 받을 수 있었던 이유가 뭘까? 경매 경험이 많은 김 팀장의 생각이 적중해서일까? 물론 김 팀장의 순발력과 예측력이 빛을 발해 낙찰의 결과로 이어졌을 수도 있지만, 현실은 그렇지 않은 경우도 많다. '짜고 치는 고스톱'이란 말 들어봤는가? 수완 좋은 김 팀장이 가상의 인물을 경쟁자로 내세운 것이다. 앞서 파란 점퍼 입은 남자가 그런 대상이다. 파란 점퍼 입은 내부 관계자가 미리 매점에서 입찰서를 작성하고 있고, 이를 김 팀장이 염탐하는 척하면서 의뢰인을 속인 것이다. 물론 의뢰인은 둘이 아는 사이란 것을 상상도 하지 못했을 것이다.

간혹 입찰 법정에 가보면 생각보다 높은 금액으로 낙찰되는 경우가 있다. 투자자 입장에서 보면, 그 가격에 낙찰받아서는 답이 안

나와 절로 고개가 저어지는 경우다. 상대방이 높은 가격을 쓴 이유는 다양하겠지만, 김 팀장과 같은 작업으로 높은 입찰가가 속출하는 게 사실이다. 경매 경력 20여 년이 넘는 필자가 봤을 때 매우 양심적 조력을 하는 분들도 많지만 김 팀장처럼 일부 개인이 욕심을 앞세운 경우 의뢰인이 선의의 피해자가 되는 안타까운 경우가 발생하고 있다.

권리분석의 실패로 인한 잔금미납

경매에서는 매각 대상 부동산에 대해 말소기준등기를 바탕으로 권리상의 하자 여부를 판단하고, 치유가능 여부를 확인한다. 즉, 임차인과의 관계나 세금, 법률 상호 간의 다툼으로 인해 배당의 순위가 달라질 수 있고, 권리의 진위여부에 따라 입찰자의 추가적인 비용이 발생하는지 판단하는 것이다. 투자자는 이러한 권리분석을 통해 부동산 권리관계의 하자 여부를 조사하고, 예상 배당액과 추가적인 인수금액을 고려해 입찰가를 산정해야 한다.

1. 말소기준등기

말소기준등기란, 경매에서 부동산이 낙찰될 경우 그 부동산 등기부에 존재하던 권리가 소멸하는가, 그렇지 않으면 그대로 남아 낙찰자에게 인수되는가를 가늠하는 기준이 되는 등기를 말한다.

말소기준등기가 되는 권리
1. 저당권
2. 근저당권
3. 압류
4. 가압류
5. 담보가등기
6. 경매개시결정등기
7. 전세권(원칙적으로는 말소기준권리는 아니나, 예외적으로 말소기준권리가 되는 경우가 있다.)

전세권이 말소기준등기가 되는 조건
1) 선순위 전세권일 것(가장 먼저 배당을 받게 되면)
2) 개별건물 전체 또는 집합건물의 전유부분 전체일 것
3) 배당요구, 또는 임의경매 신청할 것

2. 대항력

대항력이란 임대차계약 기간 동안 그 임대주택에서 퇴거당하지 않고 생활할 수 있는 권리를 말한다. 임차인이 임대보증금의 전액을 다 받을 때까지는 그 임대주택에 거주하며 대항할 수 있다는 뜻이다. 대항력은 해당 주택이 일반상황(매매, 증여, 양도 등)으로 소유권

이 이전되었는지 경·공매로 이전되었는지에 따라 달라진다.

일반상황에서는 임차인이 전입신고를 하고 해당 주택에 살고 있으면 대항력이 인정되지만, 경·공매 상황에서는 선순위 임차인만 대항력이 인정된다. 선순위 임차인과 후순위 임차인을 나누는 기준은 말소기준등기인데, 말소기준등기의 설정일자보다 임차인의 전입일자가 빠르면 선순위 임차인, 늦으면 후순위 임차인이 된다.

일반상황(매매, 교환, 증여 등)에서는
대항력요건(점유 + 주민등록신고) = 대항력

경매·공매에서는
대항력요건(점유 + 주민등록신고) + 선순위 임차인 = 대항력

경·공매 진행 시 선순위 임차인은 배당요구를 해서 자신의 보증금을 전액 배당받거나, 배당받지 못한 일부 보증금은 낙찰자에게 요구할 수 있다. 또한 배당요구를 하지 않고 계약기간 만료까지 거주 후 낙찰자로부터 전액의 보증금을 돌려받고 집을 비워줄 수도 있다. 이런 경우 입찰자는 애초 염두에 둔 입찰가격에서 해당 임차보증금을 제외한 금액으로 입찰해야 실수가 없다. 그렇지 않으면 낙찰가격 + 변제할 임차보증금이 시세를 훨씬 웃돌아 입찰보증금을 포기하는 게 낫다.

소재지	경기도 고양시 일산동구 ▓▓▓▓▓▓▓▓▓▓					
새 주소	경기도 고양시 일산동구 ▓▓▓▓▓▓▓▓▓▓					
물건종별	아파트	감정가	340,000,000원	구분	입찰기일	최저매각가격	결과
대지권	49.657㎡(15.021평)	최저가	(12%) 40,001,000원	1차	2018-03-07	340,000,000원	유찰
				2차	2018-04-11	238,000,000원	유찰
				3차	2018-05-16	166,600,000원	낙찰
				낙찰 273,800,000원(80.53%) / 3명 / 미납 (차순위금액:250,010,000원)		
건물면적	75.94㎡(22.972평)	보증금	(20%) 8,010,000원	4차	2018-07-25	166,600,000원	유찰
				5차	2018-08-29	116,620,000원	유찰
				6차	2018-10-04	81,634,000원	유찰
				7차	2018-11-07	57,144,000원	유찰
				8차	2018-12-12	40,001,000원	낙찰
매각물건	토지·건물 일괄매각	소유자	이윤▓	낙찰 60,000,000원(17.65%) / 5명 / 미납 (차순위금액:51,112,000원)		
				9차	2019-03-06	40,001,000원	
개시결정	2017-10-19	채무자	이윤▓	낙찰: 61,100,000원 (17.97%)		
				(입찰 3명, 낙찰: 한남▓ / 차순위금액 54,000,000원)		
				매각결정기일 : 2019.03.13 - 매각허가결정		
				대금지급기한 : 2019.04.25		
사건명	임의경매	채권자	세▓상사(주)	대금납부 2019.04.24 / 배당기일 2019.05.20		
				배당종결 2019.05.20		

대항력 있는 선순위 임차인을 간과해 보증금을 미납한 사례

• 임차인현황 (말소기준권리: 2016.09.06 / 배당요구종기일 : 2018.01.15)

임차인	점유부분	전입/확정/배당	보증금/차임	대항력	배당예상금액	기타
송원▓	주거용 미상	전 입 일: 2016.06.24 확 정 일: 미상 배당요구일: 없음	미상		배당금 없음	
기타사항	☞현장 방문시 아무도 만나지 못하였고, 주민등록표에는 채무자(소유자) 이윤▓과 송원▓가 등재되어 있으므로 점유관계 등은 별도의 확인요망 ☞송원▓은(는) 전입일상 대항력이 있으므로, 보증금있는 임차인일 경우 인수여지 있어 주의요함.					

• 등기부현황 (채권액합계 : 351,716,522원)

No	접수	권리종류	권리자	채권금액	비고	소멸여부
1(갑3)	2016.04.29	소유권이전(매매)	이윤▓		거래가액:306,000,000	
2(을10)	2016.09.06	근저당	세▓상사(주)	80,000,000원	말소기준등기	소멸
3(갑5)	2017.10.19	임의경매	세▓상사(주)	청구금액: 71,760,100원	2017타경▓▓▓	소멸
4(갑7)	2017.10.24	가압류	신한은행	267,448,275원	2017카단▓▓▓	소멸
5(갑8)	2017.12.21	가압류	(주)케이비국민카드	4,268,247원	2017카단▓▓▓	소멸

해당 사건 임차인 현황 및 등기부 현황

부동산에 애착이 많은 소유자(채무자)의 작업

해당 부동산에 애착이 많은 소유자(채무자)일수록 어떻게든 경매로 매각되는 것을 막으려 노력한다. 당장은 경매 취하를 할 자금이 부족하지만 약간의 시간만 더 주어진다면 자금 마련이 용이한 경우가 있다. 또는 경매 컨설팅에서 '경매 기한을 연기시켜 주겠다'는 명목으로 접근하는 경우도 있다. 어쨌든, 소유자(채무자)의 단독 생각이든, 컨설팅의 조언이든 경매 기한을 연기할 목적으로 아는 사람을 내세워 일부러 고가로 낙찰을 받는다. 낙찰이 되면 보증금 10%는 법원이 보관하며, 낙찰자는 잔금기한까지 나머지 90%의 잔금을 낸다. 잔금납부기한은 보통 매각일로부터 35일 전후다. 낙찰된 지 일주일 후가 매각허가결정기일이고, 이때, 매각허가결정이 되면 그로부터 보통 30일 안에 잔금납부기한이 주어지므로 35일 전후 기간 여유가 생기는 것이다.

잔금납부마감일까지 잔금을 납부하지 못하면 보증금 10%를 몰수하고, 다시 재매각이 진행되는데, 재매각 기일은 보통 1개월 후로 정해진다. 고가낙찰을 통해 소유자(채무자)로서는 2개월의 시간 여유가 생긴 셈이다. 그사이 대금을 마련한 소유자(채무자)가 경매 신청자의 채권을 변제하면 경매가 취하되면서 해당 부동산이 경매로 매각되는 것을 막을 수 있다. 또한 경매가 취하되면 몰수된 보증금 10%는 해당 낙찰자에게 반환되므로 손해를 보지 않는다.

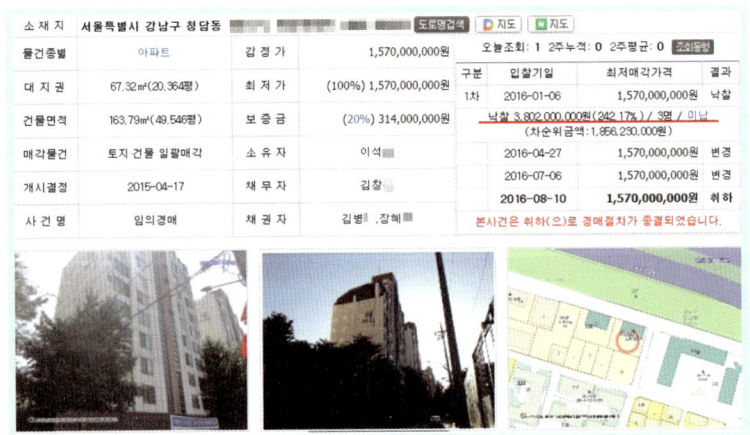

소유자 작업으로 고가 낙찰 후 취하된 사례

　　하지만 매번 예상 시나리오대로 되는 것은 아니다. 기한을 벌어놓고 그사이 자금을 마련하려고 했던 계획이 어긋나면서 경매 신청자의 채권을 변제하지 못하는 경우가 발생한다. 이런 경우 재매각 사건이 취하되지 못하고 진행된다. 이때, 재매각 물건의 권리분석에는 아무 이상이 없는 경우가 많다. 애초부터 권리분석이 문제가 있어 재매각이 나온 게 아니기 때문이다.

　　하지만 초보자들은 해당 사건이 재매각으로 등장한 연유를 알아볼 노력은 하지 않고 무조건 기피하는 경향이 있다. 결국 재매각 덕분에 입찰자 수가 줄어드니 낙찰가가 낮아짐은 두말할 나위 없다. 재매각이 아닌 일반물건이었으면 많은 입찰자 속에 패찰을 하거나 낙찰을 받더라도 꽤 높은 가격을 적어내야 가능했을 것을, 재매각 덕분에 낮은 가격에 쉽게 낙찰을 받을 수 있는 것이다. 이게 바로 재매각의 매력이다.

재매각, 틈새 시장을 놓치지 말자

> **재매각 사건의 5가지 주요 원인**
> ① 고가낙찰로 보증금을 포기하는 게 유리한 경우
> ② 단독입찰로 불안감에 휩싸여 보증금을 포기한 경우
> ③ 1등과 2등의 격차가 너무 커서 포기하는 경우
> ④ 컨설팅 작업의 결과
> ⑤ 권리분석에 실패해서 보증금을 포기하는 경우

지금까지 다양한 재매각 사건의 원인에 대해 살펴봤다. 이 외에도 재매각 사례로 잔금을 적기에 마련하지 못해 미납하는 경우가 있다. 제1금융권과 제2금융권의 대출한도 차이가 크고, 잔금대출을 취급하지 않는 제1금융권 은행도 있으므로 미리 여러 금융기관을 방문해서 잔금 납입에 차질이 없도록 해야 한다. 간혹 입찰가격에도 문제가 없고 단독입찰도 아님에도 잔금이 미납되는 경우가 있는데 예상했던 만큼 대출이 나오지 않으면서 잔금마련에 어려움을 겪은 경우다. 그러므로 자기자금이 충분하지 못하거나, 레버리지 효과를 극대화하기 위해 대출을 통해 잔금을 납부할 계획이면 잔금대출을 취급하는 금융기관을 사전에 충분히 알아봐야 한다.

이처럼 다양한 재매각 사유지만 원인을 분석해 대처하면 절호의 기회가 될 수 있다. 물건 자체의 하자로 인해 재매각으로 나오는 경우는 많지 않기 때문에 재매각 물건이라고 무조건 기피하기 보다는

그 사유를 잘 분석해 입찰한다면 경쟁력 있는 가격으로 낙찰받아 큰 수익을 낼 수 있다.

함정이 도사리고 있는 경매 물건 사례

동양 최고의 병법서인 《손자병법》 중 제4편 군형 편에서 "불가승재기(不可勝在己) 가승재적(可勝在敵)"을 말하고 있다. 풀이하면 '적이 나를 이기지 못하게 하는 것은 내가 잘 지키기 때문이고, 내가 적을 이길 수 있는 것은 적의 허점을 찾아 공격을 잘하기 때문이다'라는 뜻이다.

돈을 버는 것도 일종의 전쟁에 비유될 수 있다. '전쟁에 지지 않을 태세를 먼저 갖춰라'라는 《손자병법》의 군형 편은 경매에도 잘 적용된다. 이번 장에서는 전쟁에서 패배해 다시 나온 재매각 사례들과 함정이 도사리고 있는 경매 사례들을 통해 초보자들도 실수하지 않고 위험을 해결해나갈 수 있는 실력을 키워보자.

임차인의 권리신고를 오해하지 말자

소재지	서울특별시 영등포구 당산동4가 94-1, 당산2차삼성아파트				
물건종별	아파트	감정가	460,000,000원		
대지권	26.88m²(8.131평)	최저가	(33%) 150,733,000원		
건물면적	84.93m²(25.691평)	보증금	(20%) 30,150,000원		
매각물건	토지 건물 일괄매각	소유자	조경■		
개시결정	2011-08-31	채무자	조경■		
사건명	임의경매	채권자	아주캐피탈(주)		

구분	입찰기일	최저매각가격	결과
1차	2012-01-10	460,000,000원	유찰
2차	2012-02-20	368,000,000원	
	낙찰 406,770,000원(88.43%) / 5명 / 불허가			
	(차순위금액:398,120,000원)			
3차	2012-06-05	368,000,000원	유찰
4차	2012-07-10	294,400,000원	유찰
5차	2012-08-14	235,520,000원	낙찰
	낙찰 251,100,000원(54.59%) / 1명 / 미납			
6차	2012-10-24	235,520,000원	유찰
7차	2012-11-28	188,416,000원	유찰
8차	2013-01-08	150,733,000원	낙찰
	낙찰 231,780,000원(50.39%) / 6명 / 미납			
	(차순위금액:162,200,000원)			
9차	2013-04-23	150,733,000원	
	낙찰 : 175,800,000원 (38.22%)			
	(입찰2명, 낙찰:가양동 서현■ / 차순위금액 174,000,000원)			
	매각결정기일 : 2013.04.30 - 매각허가결정			
	대금지급기한 : 2013.05.31			
	대금납부 2013.05.31 / 배당기일 2013.06.25			
	배당종결 2013.06.25			

재매각이 여러 차례 진행된 사건

　서울의 한 아파트가 당시 4억 6,000만 원의 감정가에서 3차례 재매각을 거듭한 끝에 1억 7,500만 원에 낙찰되었다. 이전 회차의 낙찰가를 보면 4억 600만 원, 2억 5,100만 원, 2억 3,100만 원 등이다. 첫 낙찰자는 다행히 불허가를 받아 보증금이 몰수되는 사태는 면했지만, 두 번째 낙찰자는 4,700만 원, 세 번째 낙찰자는 3,000여만 원의 입찰보증금을 몰수당했다. 몰수된 금액이 큰 이유는 재매각으로 인해 입찰보증금이 최저입찰가의 20%이기 때문이다. 이렇게 몰수된 입찰보증금은 경매가 취소(취하)되지 않는 이상 배당재단에 포함되니 결과적으로 채권자들에게 귀속되는 셈이다. 그렇다면 어떤 사연으로 이렇게 재매각이 거듭되었는지, 입찰자들의 실수는 어떤 부분에서 발생했는지 알아보자.

재매각 사유를 분석

먼저 해당 부동산의 등기부를 보면 2010년 10월 1일 근저당권 이하 모두 소멸되는 권리이므로 인수되는 권리가 없다. 다음은 임차인 분석차례다.

No	접수	권리종류	권리자	채권금액	비고	소멸여부
1	2006.04.07	소유권 이전(매매)	조경			
2	2010.10.01	근저당	아주캐피탈(주)	200,000,000원	말소기준등기	소멸
3	2011.05.13	근저당	(주)광림	87,120,000원		소멸
4	2011.08.09	근저당	신용보증기금	240,000,000원		소멸
5	2011.08.10	압류	국민건강보험공단			소멸
6	2011.08.16	(주)광림근저당가처분	신용보증기금		사해행위취소로 인한 근저당권설정등기말소청구권.가처분 청주지법 2011카단 ▒ 사건검색	소멸
7	2011.08.31	임의경매	아주캐피탈(주)	청구금액: 136,774,832원	2011타경	소멸
8	2011.10.10	가압류	삼성카드(주)	26,914,331원		소멸
9	2011.10.17	압류	영등포세무서			소멸
10	2011.10.24	가압류	삼성카드(주)	44,913,195원		소멸
11	2011.10.28	가압류	삼성카드(주)	107,246,562원		소멸
12	2011.11.09	가압류	서울보증보험(주)	209,857,540원		소멸
13	2011.11.14	가압류	조원○외4명	86,504,430원		소멸
14	2011.12.12	가압류	서울보증보험(주)	86,950,000원		소멸

해당 사건의 집합건물 등기부

2011.10.10	채권자 아주캐피탈 주식회사(구상호:대우캐피탈 주식회사) 채권계산서 제출
2011.10.17	교부권자 서울특별시영등포구청 교부청구 제출
2011.10.20	교부권자 국민건강보험공단 김포지사 교부청구 제출
2011.10.26	임차인 남○숙 권리신고(주택임대차) 제출
2011.10.27	가압류권자 삼성카드 주식회사 권리신고및배당요구신청 제출
2011.10.27	가압류권자 삼성카드 주식회사 권리신고및배당요구신청 제출

문건접수 내역

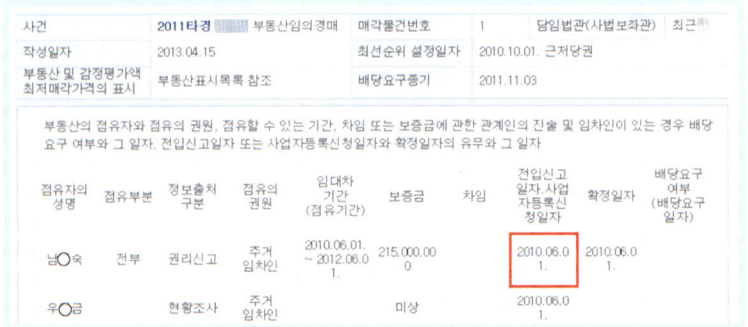

매각물건명세서 중 일부

　　매각물건명세서에 보이는 임차인 남○숙과 우○금은 부부사이다(법원 문건에 기재됨). 남○숙은 보증금 2억 1,500만 원에 전입일자가 2010년 6월 1일로 말소기준등기보다 빠른 선순위 임차인이다. 따라서 자칫 낙찰자가 인수할 위험이 있다. 하지만 법원의 문건접수 내역을 보니 2011년 10월 26일 임차인 남○숙의 권리신고(주택임대차)가 제출되어 있는데, 이 날짜는 배당요구종기일(2011.11.03)보다 빠르다.

　　아마도 먼저 입찰한 사람들은 임차인이 권리신고 했으므로 배당받을 수 있다는 판단하에 입찰을 감행한 것 같다. 하지만 권리신고와 배당요구와는 다르다. 임차인은 배당요구 종기일안에 권리신고 겸 배당요구서를 제출해야 적법한 배당요구를 한 것으로 간주되어 배당을 받을 수 있다. 따라서 앞에서 본 임차인 남○숙은 권리신고만 했을 뿐 배당요구를 하지 않아 낙찰자가 보증금 2억 1,500만 원을 인수해야 한다.

인수되는 보증금을 감안하면 첫 낙찰자는 6억 2,100만 원, 두 번째 낙찰자는 4억 6,600만 원, 세 번째 낙찰자는 4억 4,600만 원에 낙찰받은 셈이니 이것이 어떻게 제대로 된 낙찰이겠는가! 게다가 재매각은 입찰보증금이 높으니 대금미납으로 인해 몰수된 보증금이 더욱 크다. 따라서 임차인 권리분석의 실수로 재매각으로 진행되는 물건은 인수되는 임차인의 유무를 더욱 신경 써서 입찰 실수가 없도록 해야 한다.

다세대주택, 건물 용도를 파악하자

소재지	서울특별시 은평구 갈현동 ■■■ ■■ ■■						
새 주 소	서울특별시 은평구 갈현로■ ■, ■■■						
물건종별	다세대(빌라)	감 정 가	186,000,000원	구분	입찰기일	최저매각가격	결과
대 지 권	38.347㎡(11.6평)	최 저 가	(64%) 119,040,000원	1차	2014-05-07	186,000,000원	유찰
				2차	2014-06-10	148,800,000원	낙찰
				낙찰 168,860,000원(90.78%) / 6명 / 미납 (차순위금액:167,330,000원)			
건물면적	85.44㎡(25.846평)	보 증 금	(20%) 23,810,000원		2014-10-28	148,800,000원	변경
					2015-01-06	148,800,000원	변경
매각물건	토지 건물 일괄매각	소 유 자	윤○■	3차	2015-04-21	148,800,000원	유찰
				4차	2015-05-26	119,040,000원	
				낙찰: 158,210,000원 (85.06%)			
개시결정	2014-01-07	채 무 자	윤○■	(입찰12명, 낙찰:은평구 장기■/ 차순위금액 157,330,000원)			
				매각결정기일 : 2015.06.02 - 매각허가결정			
				대금지급기한 : 2015.07.08			
사 건 명	임의경매	채 권 자	은평신협	대금납부 2015.07.02 / 배당기일 2015.08.05			
				배당종결 2015.08.05			

재매각으로 낙찰된 해당 빌라

재매각 진행된 빌라(다세대주택) 전경

　　감정가 1억 8,600만 원의 빌라(다세대주택)를 1억 6,800만 원에 낙찰받고, 잔금을 미납해 낙찰자는 1,480여만 원의 입찰보증금을 날렸다. 이후 재매각이 진행되어 종전 낙찰가보다 낮은 1억 5,800만 원에 낙찰되었다. 그렇다면 어떤 이유로 전 낙찰자는 보증금을 날리면서까지 잔금 납부를 할 수 없었는지 이유를 알아보자.

No	접수	권리종류	권리자	채권금액	비고	소멸여부
1(갑2)	2007.04.12	소유권이전(매매)	도영■		거래가액 금145,000,000원	
2(을2)	2010.08.20	근저당	은평신협	162,500,000원	말소기준등기	소멸
3(갑7)	2011.06.29	소유권이전(매매)	윤애■		거래가액:182,000,000	
4(갑8)	2013.09.11	압류	서울특별시마포구			소멸
5(갑9)	2014.01.08	임의경매	은평신협	청구금액: 129,164,952원	2014타경■■■	소멸
6(갑10)	2014.01.22	압류	서울특별시은평구			소멸

해당 빌라의 집합건물 등기부

등기부상 2010년 8월 20일 근저당권이 말소기준등기로 모든 권리가 소멸되어 인수되는 권리는 없다. 해당 주택엔 소유자가 점유하고 있어 인수되는 임차인도 없다. 그렇다면 왜 전 낙찰자는 보증금을 포기할 수밖에 없었을까? 바로 해당 건물의 용도가 주택이 아니었기 때문이다. 건축물의 용도는 건축물대장을 통해 확인할 수 있다. 사람들은 경매 입찰에 앞서 등기부 열람은 열심히 하면서 정작 건축물대장의 열람은 소홀한 경우가 많다. 하지만 이래선 안 된다. 입찰에 앞서 건축물대장을 발급해봐야 함정을 피할 수 있다. 건축물대장은 정부24 홈페이지(www.gov.kr) 또는 세움터 홈페이지(www.eais.go.kr)에서 열람할 수 있다.

해당 빌라 건축물대장

해당 건물의 건축물대장을 보면 2층은 제1종 근린생활시설이며, 3~5층은 다세대주택이다. 따라서 경매가 진행된 201호의 용도는 근린생활시설이나 현황은 불법용도변경으로 주택으로 사용 중이다. 이런 주택을 흔히 '근생주택'이라고 부른다. 근생주택은 애초부터 주택이 아니기 때문에 취득세도 4.6%로 높다. 또한 근린생활시설인 만큼 매도할 때 건물가액에 대한 부가가치세 10%도 내야한다. 불법으로 용도를 변경했기 때문에 구청의 단속이 나올 수 있고 이에 따른 원상복구 명령을 받을 수 있다. 이 원상복구 명령을 이행하지 않으면 이행강제금이 부과된다. 다만, 매번 원상복구 명령이 내려지는 건 아니다. 절차 및 인근 다수의 유사건물들을 감안해 담당 공무원이 알고도 모르는 척 눈 감고 있는 경우도 많다. 누군가의 신고로 단속이 나온다 해도 방이 있다고 무조건 주택이라고 간주하는 것은 아니며, 여러 정황을 판단해 주택으로 사용 중인지를 확인하므로 사례마다 적용기준이 다를 수 있다.

태생이 다르니 알고 접근하자

애초부터 주택으로 건축물 용도가 돼 있는 주택과, 근생주택의 대우는 다를 수밖에 없다. 하지만 한편으론 이런 근생주택을 눈여겨보는 투자자도 있다. 바로 입찰가가 전세가 미만으로 떨어졌을 때다.

실제 초기에 분양을 받는 경우 일반주택과 근생주택의 가격차는 10% 정도다(근생주택이라고 엄청나게 싸게 분양하는 것도 아니다). 예를 들어 2억 원에 분양하는 빌라인 경우 근생 세대는 1억 8,000만 원이다. 이들 빌라의 전세가가 1억 6,000만 원인 경우 훗날 이 근생주택이 경매에 나왔을 때 전세가 미만으로 저렴하게 낙찰받는다면 승산이 있을 수 있다. 1억 3,000만 원에 낙찰받아 1억 5,000만 원에 전세를 놓으면 임차인 입장에서는 시세보다 전세가가 저렴하고 현황이 주택이므로 충분히 계약이 성사된다. 근생주택인 줄 모르고 전세 들어오는 경우도 있고, 설사 알더라도 주택으로 사용 중이므로 대항력 발생에 문제가 없기에 임차인에게 불리함이 없다는 판단에서다.

나중에 매각할 때는 임차인에게 권하는 게 먼저다. 모름지기 매매가격은 임차인이 흔쾌히 인수할 정도의 매력이 있어야 하는데, 애초에 저렴하게 낙찰을 받았으므로 전세가 언저리에서 매각한다면 협상이 쉬울 것이다. 만약 임차인이 인수하지 않는다면 매매로 내놓을 수 있는데 근생주택이란 이유로 매수를 망설일 수 있으므로, 이를 극복하려면 매수인이 반할 정도의 입지 및 가격이 뒷받침돼야 한다. 따라서 입지가 좋은 지역의 근생주택을 전세가 미만으로 낙찰받는다면 승산이 있을 수 있다. 하지만 낙찰받을 당시 근생주택인 줄 몰랐고, 입지가 좋지 않은 곳이며, 하물며 전세가보다 높은 가격에 낙찰받았다면 결과는 잔금미납으로 연결될 수 있다.

선순위 전세권자의 배당요구를 살피자

소재지	서울특별시 강남구 대치동 ▨▨▨ 2필지, 선릉역롯데골드로즈오피스텔 ▨▨ ▨▨	도로명검색	지도	지도

					오늘조회: 1 2주누적: 1 2주평균: 0		조회동향
물건종별	오피스텔	감정가	210,000,000원	구분	입찰기일	최저매각가격	결과
대지권	5.26㎡(1.591평)	최저가	(51%) 107,520,000원	1차	2016-11-02	210,000,000원	유찰
				2차	2016-12-14	168,000,000원	낙찰
				<u>낙찰 190,000,000원(90.48%) / 2명 / 미납</u>			
				(차순위금액: 174,100,000원)			
건물면적	32㎡(9.68평)	보증금	(20%) 21,510,000원	3차	2017-03-22	168,000,000원	유찰
				4차	2017-05-24	134,400,000원	낙찰
				<u>낙찰 171,370,000원(81.6%) / 3명 / 미납</u>			
				(차순위금액: 155,510,000원)			
매각물건	토지 건물 일괄매각	소유자	김혜▨	5차	2017-08-23	134,400,000원	유찰
				6차	2017-09-20	107,520,000원	
				<u>낙찰 : 110,110,000원 (52.43%)</u>			
개시결정	2016-04-25	채무자	김혜▨	(입찰1명, 낙찰:중랑구 김은▨)			
				매각결정기일 : 2017.09.27 - 매각허가결정			
				대금지급기한 : 2017.11.09			
사건명	임의경매	채권자	이인▨	대금납부 2017.10.24 / 배당기일 2017.12.05			
				배당종결 2017.12.12			

두 번의 잔금미납이 나온 재매각 사건

    서울의 대치동에 위치한 오피스텔이 경매에 나왔다. 2억 1,000만 원의 감정가인 물건이 1억 9,000만 원에 낙찰됐지만 결과는 잔금미납으로 1,680만 원의 입찰보증금이 몰수됐다. 이후 진행된 재매각에서 1억 7,100만 원에 낙찰되었지만 마찬가지로 잔금미납을 하며 약 2,700만 원(최저가의 20%)의 입찰보증금이 몰수됐다. 도대체 무슨 잘못이었을까? 게다가 입찰 당시 단독입찰이 아닌 걸로 봐서 2~3명의 입찰자도 사태를 제대로 파악하지 못한 듯하다. 문제해결을 위해 먼저 등기부를 보자.

No	접수	권리종류	권리자	채권금액	비고
1(갑2)	2004.02.13	소유권이전(매매)	김혜■		
2(을5)	2008.03.28	전세권(건물전부)	류○리	110,000,000원	존속기간: ~2010.03.28
3(을6)	2008.11.05	근저당	이인■	100,000,000원	말소기준등기
4(갑3)	2009.10.23	압류	반포세무서		
5(갑6)	2016.04.25	임의경매	이인■	청구금액: 100,000,000원	2016타경■

해당 사건의 집합건물 등기부

등기부상 1순위 권리자는 2008년 3월 28일 류○리의 1억 1,000만 원의 전세권이며 2순위는 근저당권이다. 여기서 쟁점은 전세권이 말소기준등기가 될 수 있느냐 없느냐. 전세권이 말소된다면 낙찰자가 인수할 권리는 없지만, 말소되지 않으면 인수해야 하기 때문이다. 이 대목에서, 말소기준등기에 대해 짚고 넘어가자. 전세권은 일정 기준을 충족했을 때만 말소기준등기가 될 수 있다(매번 말소기준등기가 되는 것이 아님).

전세권이 말소기준등기가 되려면 먼저 건물 전체에 설정한 선순위 전세권인지 파악한 후 경매 신청권자가 누군지 확인해야 한다. 전세권자가 신청한 임의경매라면 해당 전세권은 소멸하지만 그렇지 않고 다른 사람이 신청한 경매인 경우 전세권자가 배당요구를 해야만 소멸하기 때문이다. 앞서 본 등기부상 경매 신청권자가 근저당권자였으므로 전세권자가 직접 신청한 경매가 아니다. 그러므로 해당 전세권이 소멸하기 위해선 배당요구를 해야 하므로, 매각물건명세서를 통해 이 여부를 확인해야 한다.

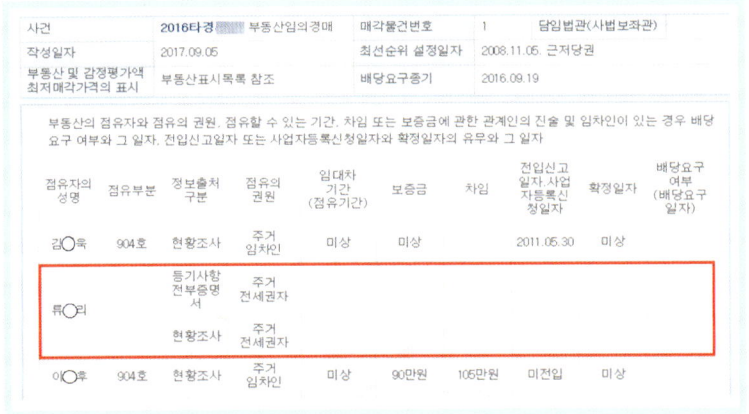

해당 사건의 매각물건명세서

　　매각물건명세서에서 보듯이, 전세권자 류○리는 배당요구를 신청하지 않았다. 따라서 전세권이 말소되지 않으므로 낙찰자는 전세금 1억 1,000만 원을 인수해야 한다. 그럼에도 이를 감지하지 못하고, 감정가 2억 1,000만 원의 오피스텔을 1억 9,000만 원과 1억 7,100만 원에 둘 다 잔금을 미납할 수밖에 없다.

　　다시 한 번 강조하는데, 선순위 전세권은 누가 경매를 신청했느냐, 전세권자가 배당요구를 했느냐에 따라 인수여부가 달라지므로 신중히 파악해야 한다. 선순위 전세권자를 인수하는 상황이라면 애초 생각했던 입찰가에서 해당 전세금을 뺀 가격으로 입찰해야 실수가 없다.

전세권이 말소기준등기가 되는 조건

1. 선순위 전세권일 것(가장 먼저 배당을 받을 것)
2. 개별 건물 전체 또는 집합건물의 전유부분 전체일 것
3. 배당요구 또는 임의경매 신청할 것

물건번호 많은 사건은 배당의 지연을 명심하자

	17-▓▓▓(31) 오피스텔	경상남도 고성군 고성읍 동외리 422 외 1필지, 고성오피스텔 ▓▓▓ [오피스텔(주거) / 대지권 34.927㎡, 건물 49.54㎡]	72,000,000 7,730,000	유찰 10회 (11%)	2020.04.09 (10:00) 입찰 12일전
	17-▓▓▓(6) 오피스텔	경상남도 고성군 고성읍 동외리 422 외 1필지, 고성오피스텔 ▓▓▓ [오피스텔(주거) / 대지권 34.927㎡, 건물 49.54㎡]	70,000,000 11,744,000 11,745,000	낙찰 (17%) (17%)	2019.11.21 (10:00)
	17-▓▓▓(4) 오피스텔	경상남도 고성군 고성읍 동외리 422 외 1필지, 고성오피스텔 ▓▓▓ [오피스텔(주거) / 대지권 34.927㎡, 건물 49.54㎡]	70,000,000 35,840,000 41,600,000	낙찰 (51%) (59%)	2019.01.10 (10:00)
	17-▓▓▓(8) 오피스텔	경상남도 고성군 고성읍 동외리 422 외 1필지, 고성오피스텔 ▓▓▓ [오피스텔(주거) / 대지권 27.017㎡, 건물 38.32㎡]	54,000,000 27,648,000 32,099,000	낙찰 (51%) (59%)	2019.01.10 (10:00)
	17-▓▓▓(9) 오피스텔	경상남도 고성군 고성읍 동외리 422 외 1필지, 고성오피스텔 ▓▓▓ [오피스텔(주거) / 대지권 27.017㎡, 건물 38.32㎡]	54,000,000 27,648,000 32,870,000	낙찰 (51%) (61%)	2019.01.10 (10:00)
	17-▓▓▓(30) 오피스텔	경상남도 고성군 고성읍 동외리 422 외 고성오피스텔 ▓▓▓ [오피스텔(주거) / 대지권 29.724㎡, 건물 42.16㎡]	61,000,000 31,232,000 32,200,000	낙찰 (51%) (53%)	2019.01.10 (10:00)
	17-▓▓▓(32) 오피스텔	경상남도 고성군 고성읍 동외리 422 외 1필지, 고성오피스텔 ▓▓▓ [오피스텔(주거) / 대지권 34.927㎡, 건물 49.54㎡]	72,000,000 36,864,000 43,200,000	낙찰 (51%) (60%)	2019.01.10 (10:00)
	17-▓▓▓(15) 오피스텔	경상남도 고성군 고성읍 동외리 422 외 1필지, 고성오피스텔 ▓▓▓ [오피스텔(주거) / 대지권 34.927㎡, 건물 49.54㎡]	72,000,000 29,491,000 35,100,000	낙찰 (41%) (49%)	2018.12.06 (10:00)

물건번호 많은 경매사건 예시

경매사건을 보면 물건번호가 여럿인 사건이 있다. 물건번호가 있는 이유는 채권자가 여럿의 부동산을 공동담보로 설정하고 대출이 나간 경우, 채권회수를 위해 경매를 신청할 때 발생한다. 원 대출 채권은 하나여서 하나의 경매 사건번호가 부여되는데 부동산은 여럿이니 각 부동산마다 물건번호를 부여해 각각 매각하는 것이다. 이렇게 물건번호가 많은 사건에 입찰할 때는 특히 배당의 지연을 고려해야 한다. 구체적인 예시를 통해 알아보자.

여럿의 물건번호 중 한 사건

해당 집합건물 등기부

감정가 7,200만 원의 오피스텔을 4,600만 원에 낙찰받았다. 선순위 전세권자가 있지만 배당요구를 완료해 인수되지 않는 사건이다. 보통의 경매사건이라면 잔금납부 1개월 후 배당기일이 정해진다. 이때 임차인이 배당을 받기 위해서는 낙찰자의 명도확인서가 필요하므로 통상 배당기일에 맞춰 이사를 하고 그에 따라 명도확인서를 건네는 경우가 많다. 또는 사정상 배당기일보다 며칠 이사가 늦어지는 경우 임차인의 배당액은 공탁되고, 이후 명도확인서를 제출하면서 보증금을 찾아가는 방식이다.

2018년 9월 20일 낙찰을 받은 후 2018년 11월 1일 대금납부를 마쳤으므로 통상적이라면 2018년 12월 초에 배당기일이 정해졌을 것이다. 낙찰일로부터 배당기일까지 2개월 이상 소요됐으므로 임차인이 이사 가는데도 무리가 없어 보인다. 하지만 이 경매 사건은 대금납부한 지 1년 5개월이 넘도록 배당기일이 잡히지 않고 있다. 그 이유는 사건번호가 동일하면서 물건번호만 다른 사건의 매각이 끝나지 않았기 때문이다.

다른 물건의 사정도 파악해야 한다

이 부동산은 앞서 1년 5개월 전에 낙찰된 사건과 물건번호만 다른 동일 부동산에 위치한 호수다. 세 명이 모두 입찰보증금을 날리며 재매각이 진행되고 있다. 권리분석을 해보면, 임차인 곽○열의 5,500만 원 전세권을 인수해야 한다. 전세권자로서 배당요구를 하지 않았기 때문이다. 기존의 동일 건물이 3,000만 원~4,000만 원 사이에 낙찰된 것을 감안하면 전세권을 인수하면서까지 입찰할 사람은 없는 듯해, 거듭된 유찰로 낙찰이 멀어지고 있다. 바로 이런 점이 기존의 낙찰자들의 애를 타게 만든다.

아직 매각이 진행되고 있는 경매사건(물건번호만 다름)

해당 집합건물 등기부

이렇게 임차인이 거주하는 물건을 낙찰받으면 다른 사건에서 지연되는 사태로 인해 기존에 낙찰받은 사건까지 배당기일이 잡히지 않아 부동산을 사용·수익하지 못하는 사태가 발생한다. 대항력 있는 임차인은 배당금을 지급받을 때 비로소 임차권이 소멸하며, 대항력 없는 임차인일지라도 실무에서는 배당금을 받아야 이사갈 수 있는 상황이 많다. 물론 후순위 임차인은 인도명령 대상이 될 수 있지만 그 과정에서 협의로 진행하는 경우가 많은데, 배당을 빨리 받는 상황에 비해 이사비가 더 소요될 수 있다.

따라서 물건번호가 여럿인 사건에 입찰할 때는, 해당 사건뿐만 아니라 다른 물건번호 사건까지 검색해 그중 임차인이 없는 물건을 공략하는 게 좋다.

Plus Tip

대항력 있는 임차인, 배당금 받아야 임차권 소멸

주택임대차보호법상의 대항력과 우선변제권의 두 권리를 겸유하고 있는 임차인이 우선변제권을 선택해서 임차주택에 대해서 진행되고 있는 경매 절차인 경우다. 보증금에 대한 배당요구를 해서 보증금 전액을 배당받을 수 있을 때는, 특별한 사정이 없는 한 임차인이 그 배당금을 지급받을 수 있는 경우, 즉 임차인에 대한 배당표가 확정될 때까지는 임차권이 소멸하지 않는다고 해석해야 한다. 그러므로, 경락인이 낙찰대금을 납부해서 임차주택에 대한 소유권을 취득한 이후에 임차인이 임차주택을 계속 점유해서 사용·수익했다고 하더라도 임차인에 대한 배당표가 확정될 때까지의 사용·수익은 소멸하지 아니한 임차권에 기한 것이어서 경락인에 대한 관계에서 부당이득이 성립되지 아니한다(대법원 2003다23885 판결).

파놓은 함정을 볼 줄 알아야 한다

필자는 누누이 '역지사지(易地思之, 상대방의 처지나 입장에서 먼저 생각해보고 행동하라는 뜻)' 정신을 강조한다. 경매에 입찰하기 전 상대방의 마음을 읽어야 해답이 쉽기 때문이다. 그걸 읽지 못하고 내 마음대로 판단하다간 생각보다 어렵게 해결해야만 하는 상황에 부딪힐 수 있다. 다음의 사례를 보면서 여러분이라면 어떻게 판단했을지 생각해보자.

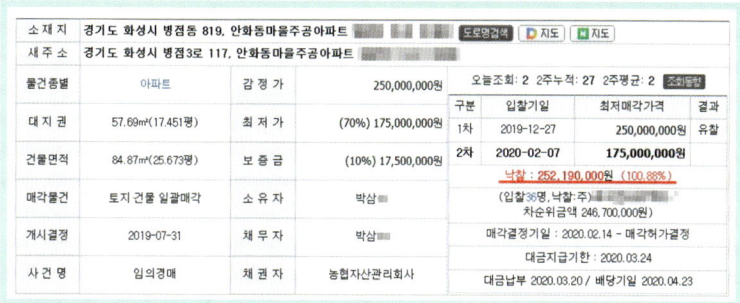

감정가를 넘는 가격에 낙찰된 결과 내역

경기도 화성시에 위치한 아파트가 경매 진행되었다. 감정가 2억 5,000만 원의 아파트인데 36명이 경합한 끝에 감정가를 넘는 가격으로 낙찰되었다.

해당 사건의 집합건물 등기부 사항

해당 사건의 매각물건명세서 현황

Part 1 재매각 편 : 초보자가 가장 쉽게 접근할 수 있는 특수물건

등기부를 보면 2017년 11월 21일 근저당권이 말소기준등기이므로 인수되는 권리는 없다. 매각물건명세서를 통해 임차인 현황을 보면, 전입일자 2017년 9월 11일 박○순은 보증금 2억 원의 권리신고 및 배당요구까지 마쳤다. 언뜻 보면 선순위 임차인으로 보이고, 확정일자가 없어 배당에서 배제되므로 낙찰자가 인수해야 하는 것처럼 보인다. 하지만 〈비고〉란을 보면 박○순은 채무자겸 소유자와 자매관계로 동일세대 거주, 신청채권자로부터 〈임대차계약 없음〉 확인서가 제출되었다고 기록돼 있다.

자, 이런 경우 여러분이라면 어떻게 할까? 가장 임차인으로 생각하고 입찰에 들어갈까? 아니면 찜찜하니 입찰을 하지 않을까? 현실에선 문제가 없다고 파악하고 입찰에 들어간 사람이 36명이 되었다. 하지만 필자는 가급적 이런 물건은 입찰하지 말라고 권하는 편이다. 권리상의 문제는 없지만 시간의 함정에 빠지기 쉬운 물건이기 때문이다.

시간 끌기에 당하기 쉽다

필자가 봐도 박○순은 가장 임차인일 가능성이 매우 높다. 그럼에도 가급적 입찰을 말리는 이유는 박○순의 마음을 읽어야 하기 때문이다. 우선 이렇게 선순위 전입자가 있는 물건에는 대출이 잘 안 된다. 1금융권의 대출은 거의 전무하고, 2금융권은 경우에 따라 진행할 수도 있지만 대부분 꺼리는 경우가 많다. 또한 어찌해서 대금을 납부했다한들, 박○순을 어떻게 내보낼 것인가? 인도명령을 신청할 생각인가? 하지만, 현실에선 선순위 임차인이 배당요구하면 무상임차인처럼 보여도 인도명령이 인용되지 않는 경우가 많다. 따라서 명도소송을 진행해야 하므로 시간이 오래 소요된다. 즉, 박○순이 선순위 임차인처럼 보이도록 권리신고 및 배당요구까지 한 이유는 인도명령이 부결되도록 함이다. 명도소송을 통해 시간을 끌면서 해당 주택에 오래 거주할 수 있는 점을 노리는 것이다.

이렇게 단단하게 무장하고 있는 임차인을 상대로 인도명령을 예상하고 쉽게 접근했다가, 큰 코 다치기 쉽다. 명도소송 비용에, 해당 기간 동안 부동산을 사용하거나 수익을 내지 못한다. 소송하지 않고 원만히 해결하려면 얼마나 높은 이사비를 부를지….

그러니 어찌 제대로 된 낙찰이라 볼 수 있겠는가. 싸게 낙찰받았다면 그나마 다행이지만, 현실은 많은 사람과 경쟁 끝에 높은 가격에 낙찰받았으므로 승산이 없다고 여겨진다. 그러므로 임차인이 파놓은 함정에 빠지지 않으려면 상대방의 입장에서 고민해 보는 노력을 기울여야 한다.

Part 2

선순위 임차인 편 :
큰 수익을 안겨주는 가장 임차인

돈 되는
가장 임차인 찾아내기

꽃 중의 꽃, 가장 임차인이란?

특수물건 중에서 꽃 중의 꽃으로 꼽히는 물건이 바로 '선순위 가장 임차인'이다. 선순위 가장 임차인이란 전입신고는 말소기준등기보다 빠르므로 대항력이 있는 것으로 보이지만, 실제로는 임대차관계가 없어서 인수할 보증금이 없는 사람을 말한다. 즉, 매각물건명세서에는 임차인의 보증금을 낙찰자가 인수해야 할 것처럼 보여도, 실상 내막을 캐보니 위장 임차인이면 낙찰자가 떠안을 게 없다는 말이다. 그만큼 낮은 경쟁률 속에서 수익을 낼 수 있는 물건이다.

가장 임차인 발생 원인

1. 임대차 신고를 하지 않았음에도, 임대차 관계가 정확히 조사되지 않아 경매 정보상 임차인으로 표기된 경우
2. 가족인 경우, 전입일자를 이용해 소유자의 주택이 경매가 진행되는 상황에 대처하기 위해 임차인임을 주장하는 경우
3. 가까운 친척 등이 과거에 전입했으나 현재는 거주하지 않는 상태에서 경매가 진행될 때, 소유자와 합의해서 임차인으로 둔갑하는 경우
4. 전입한 자가 없는 상황에서 곧 경매가 진행될 위기에 내몰린 소유자가 적당한 사람을 전입시키고 소액임차인임을 주장해 최우선변제권을 통한 배당을 받으려는 경우
5. 자신의 채권을 확보하기 위해 채무자의 주택에 전입신고한 경우

가장 임차인은 확정일자를 받지 않거나 배당요구를 하지 않는 경우가 많다. 임대차계약서를 작성하지 않았기 때문에 확정일자를 받을 수 없는 것이다. 만약 사후에 임대차계약서를 작성한다 해도 확정일자는 소급받을 수 없기 때문에 확정일자 받는 의미가 없다. 따라서 가장 임차인은 배당을 받지 못한다. 단, 최우선변제권을 행사할 목적으로 소액 가장 임차인을 만든 경우엔 배당요구를 한다. 최우선변제권은 확정일자가 없어도 배당요구종기일 안에만 배당요구를 하면 유효하기 때문이다. 다만 이 경우 이해관계인의 요청에

따라 배당 배제되면서 소송으로 진성 임차인 여부를 다투는 경우도 있다.

임차인	점유부분	전입/확정/배당	보증금/차임	대항력	배당예상금액	기타
최성■	주거용	전 입 일: 2014.02.24 확 정 일: 미상 배당요구일: 없음	미상		배당금 없음	
기타사항	☞본건 현황조사차 현장에 임한 바, 폐문부재로 이해관계인을 만날 수 없어 상세한 점유 및 임대차관계는 알 수 없으나, 전입세대열람결과 임차인이 점유하는것으로 추정됨. ☞최성■은(는) 전입일상 대항력이 있으므로, 보증금있는 임차인일 경우 인수여지 있어 주의요함.					

가장 임차인 모습(예시)

경매개시 직전 들어온 소액 임차인은 배당배제될 가능성 높다

실무에서 경매개시결정등기 직전에 전입한 소액 임차인은 최우선변제권이 인정되지 않는 경우가 많다. 최우선변제권을 통해 배당받을 목적으로 들어온 임차인일 가능성이 높기 때문이다. 보통 채무자 겸 소유자는 자금난 등의 이유로 경매개시결정일 6개월 전부터 경매진행을 예측할 수 있는데 이 사이 임차인이 전입했다는 사실은 여러모로 볼 때 석연치 않은 점이 많기 때문이다. 이런 경우 배당 시 채권자가 배당배제신청을 하는 경우가 많아 소송에서 다투는 일이 발생한다.

따라서 선의의 임차인이라면, 피해를 보지 않기 위해 해당 주택의 채권액(근저당권)과 임차보증금의 합이 주택가격의 80~90%를 넘지 않는지, 압류 및 가압류 등이 없는지 등을 면밀히 살펴야 할 것이다.

가장 임차인 가려내는 6가지 비법

경매 진행 내역(예시)

　감정가 7억 원의 아파트가 2회 유찰되어 최저가가 약 4억 4,800만 원이다. 현재 시세가 7억 7,000만 원에 육박하는 만큼 입찰하고 싶은 마음이 굴뚝같다. 문제는 말소기준등기보다 전입일자가 빠른 사람이 있다는 점이다. 진성 임차인일 경우 보증금을 고스란히 인수해야 하는데, 권리신고를 하지 않았기에 보증금이 얼마인지 몰라 입찰하기가 겁난다. 경매 물건을 찾다 보면 위와 같이 맘에 드는 물건이지만 임차인의 보증금 유무를 모르는 상황에 마주할 때가 있다.

　권리신고 및 배당요구를 하지 않아 가장 임차인인 줄 알고 낙찰받았다가 진성 임차인으로 판명되면 입찰보증금을 고스란히 날리게 된다. 더군다나 잔금 납부 후에 해당 주택을 찾았다가, 그제야 진성 임차인인 걸 알았다면 임차인 보증금 전액을 인수해야 하니 손해가 더욱 막심하다. 이런 이유로 초보자일수록 점유자의 전입일자가 말소기준등기보다 빠르면 무조건 경계하며, 선순위 전입자가 배당요구를 하지 않은 물건은 무조건 피한다. 한편, 이것이 고수들에게는 반가운 일이다. 그만큼 가장 임차인 물건의 경쟁률이 낮아지고, 우월한 가격으로 선점할 수 있기 때문이다.

이 페이지에서는 경매 정보상에 나타난 정보만 가지고도 초보자도 쉽게 가장 임차인을 구별할 수 있는 방법을 소개한다. 잘 숙지해 요긴하게 활용하길 바란다.

1. 거액의 은행권 근저당이 있다

경매 감정가 3억 원인 전용면적 30평(공급면적 38평) 아파트가 경매 진행되었다. 해당 아파트엔 말소기준등기(2016.01.06)보다 전입일자(2014.2.24)가 빠른 사람이 있어 자칫 배당요구하지 않은 선순위 임차인처럼 보인다. 하지만 조금 더 생각해보자.

임차인	점유부분	전입/확정/배당	보증금/차임	대항력	배당예상금액	기타
최성■	주거용	전 입 일: 2014.02.24 확 정 일: 미상 배당요구일: 없음	미상		배당금 없음	
기타사항	☞본건 현황조사차 현장에 임한 바, 폐문부재로 이해관계인을 만날 수 없어 상세한 점유 및 임대차관계는 알 수 없으나, 전입세대열람결과 임차인이 점유하는것으로 추정됨. ☞최성■은(는) 전입일상 대항력이 있으므로, 보증금있는 임차인일 경우 인수여지 있어 주의요함.					

No	접수	권리종류	권리자	채권금액	비고	소멸여부
1(갑5)	2013.06.27	소유권이전(매매)	최용■		거래가액:251,000,000원	
2(을7)	2016.01.06	근저당	농협은행 (송도지점)	258,000,000원	말소기준등기	소멸
3(갑8)	2018.01.04	소유권이전(증여)	이창■			
4(갑9)	2018.04.17	가처분	인천신용보증재단		사해행위취소에 기한 소유권이전등기말소등기절차이행청구권, 인천지방법원 2018카단■ 내용보기 사건검색	소멸
5(갑10)	2018.04.19	가처분	서울보증보험(주)		사해행위취소를 원인으로 한 소유권이전등기말소등기 청구권, 인천지방법원 2018카단■ 내용보기 사건검색	소멸
6(갑11)	2018.07.27	임의경매	농협은행 (인천여신관리단)	청구금액: 191,357,505원	2018타경■	소멸

임차인 현황과 해당 아파트 등기부 내역

등기부를 보니 최선순위로 전입자가 있는데도 후순위 근저당권자가 은행이고 대출 원금이 시세의 60~70% 이상으로 거액이다. 참고로 은행들은 건물 담보대출 시, 내규에 따라 정해진 담보비율만큼만 대출한도가 설정되며, 최선순위 소액보증금 임차인을 고려해서 방공제(=방빼기)를 한 잔액만큼만 대출해준다. 1금융권(국민, 우리, 신한은행 등)에서는 대출자의 재량이 많지 않아 내규가 정확히 지켜지는 반면 2금융권(저축은행, 새마을금고 등)은 나름대로 재량의 여지가 있어 방공제 없이 채무자의 신용과 거래실적에 따라 대출을 해주기도 한다. 그렇다 해도 선순위 임차인의 보증금과 대출금을 합산했을 때 감정가 혹은 시세를 넘어서는 만큼 대출해주는 은행은 어디에도 없다.

만약 선순위 임차인으로 추정되는 전입자가 있음에도 당시 은행이 대출을 진행해주었다면 이 전입자는 분명 대항력 있는 임차인이 아닐 것이다. 건물등기에서 과거 이력을 확인했을 때, 정상적인 대출이 여러 번 발생했다면 더욱 확신을 가져도 좋다. 가족 또는 세대

원이거나 최소한 무상으로 거주하고 있다는 확인서를 받아두었기 때문에, 은행에서 신경 쓰지 않고 정상적인 대출을 해준 것이다. 결국 전입신고자가 있음에도 은행권에서 정상적인 대출을 진행했다면, 가장 임차인이라고 판단해도 무리가 없어 보인다.

다만, 은행이 선순위 세입자가 있는 물건과 또 다른 물건을 공동담보로 제공받아 대출을 해주는 경우도 있으므로 이럴 때는 가장 임차인이라고 속단하지 말고 공동담보목록이 존재하는지 확인해야 한다. 또 하나, 근저당권자가 은행이 아닌 개인이거나 은행권과 관계없는 기관일 경우에는 이 사항들이 부합되지 않는 경우가 많으므로 주의해야 한다.

2. 확정일자가 없거나 늦다

임차인현황 (말소기준권리 : 2017.08.07 / 배당요구종기일 : 2019.08.27)						
임차인	점유부분	전입/확정/배당	보증금/차임	대항력	배당예상금액	기타
문정■	주거용	전 입 일: 2013.09.02 확 정 일: 미상 배당요구일: 없음		미상	배당금 없음	
기타사항	☞임차인 등이 점유하는 것으로 조사됨 ☞문정■임대차관계 미상 ☞문정■은(는) 전입일상 대항력이 있으므로, 보증금있는 임차인일 경우 인수여지 있어 주의요함.					

확정일자가 없는 전입자(예시)

전입신고가 빠른 사람을 위장임차인으로 추정할 수 있는 유력한 증거는, 확정일자가 없거나 확정일자를 전입일로부터 한참 후에 받은 경우다. 상식적으로 생각해보자. 여러분이 임차인이라면 자신이 전입신고를 최선순위로 마쳤다는 생각에 안심하고 확정일자 받는 것을 뒤로 미룰까? 그렇지 않을 것이다. 전입신고로 대항력을 갖췄어도 확정일자를 통해 우선변제권을 인정받는 것이 자신의 금쪽같은 보증금을 지키는 확실한 방법이라는 것을 잘 알고 있기 때문이다. 확정일자는 임대차계약서에 행정복지센터(=동사무소=주민센터)직원의 날짜가 찍힌 스탬프 도장을 받는 간단한 절차다. 행정복지센터까지 찾아가서 전입신고만 하고 확정일자를 받지 않았다는 것은 아무리 생각해도 비상식적이다. 요즘은 임대차계약 체결 시 공인중개사가 전입신고와 확정일자를 꼭 받으라고 안내하기 때문에, 정상적인 임차인이 확정일자를 받지 않을 가능성은 극히 낮다.

3. 배당요구를 배당요구종기일에 임박하게 하거나 아예 하지 않는다

임차인현황	(말소기준권리 : 2015.04.28 / 배당요구종기일 : 2019.07.17)					
임차인	점유부분	전입/확정/배당	보증금/차임	대항력	배당예상금액	기타
이정■	주거용 미상	전 입 일: 2009.06.26 확 정 일: 미상 배당요구일: 없음	미상		배당금 없음	
기타사항	☞현장에 임하였으나 이해관계인을 만나지 못하여 점유관계를 확인하지 못하였으며, 권리신고 및 배당요구신청 안내문을 우편함에 투입함. 상세한 점유관계는 별도의 확인이 필요함. ☞주민센터에서 전입세대열람 결과 소유자가 아닌 다른 주민으로 전입자를 임차인으로 기재하였음. ☞이정■은(는) 전입일상 대항력이 있으므로, 보증금있는 임차인일 경우 인수여지 있어 주의요함.					

배당요구를 하지 않은 전입자(예시)

여러분이 보증금 3억 원의 선순위 임차인이라고 가정해보자. 경매가 진행되면서 법원에서 임차인인 여러분에게 권리신고 및 배당요구를 하라는 통지서를 보냈다. 이때, 대항력 있는 여러분이 배당요구를 하지 않는다면 보증금이 배당되지 않고 낙찰자에게 인수되는 건 맞다. 하지만 상식적으로 생각해보자. 배당요구를 하면 매각대금에서 3억 원을 배당받을 수 있다고 하는데, 간 크게 배당요구를 하지 않고 낙찰자에게 받기 위해 버틸 임차인이 과연 몇이나 될까?

배당요구종기일은 보통 1개월 이상 여유 기간을 두는데, 진성 임차인이라면 보증금을 회수하기 위해 서둘러 권리신고 및 배당요구를 한다. 배당요구종기일보다 하루라도 늦었다가는 보증금을 배당받지 못하기 때문이다. 다만, 진성 임차인임에도 배당요구를 하지 않는 두 가지 경우가 있다. 첫째, 임차인이 직접 경매에 참여하려는 경우, 둘째, 시세보다 싼 가격에 임차하고 있어 배당을 받아도 다른 곳으로 이사 갈 수가 없으므로 잔여기간까지 계속 거주하기 위해서다. 이 두 가지 이유 외엔 배당요구를 하는 게 순리다.

반면, 가장 임차인은 보통 배당요구를 하지 않는다. 배당요구를 하려면 권리신고가 같이 겸해져야 하는데, 이때 임대차계약서가 필요하다. 가장 임차인이라면 법원을 상대로 위조된 임대차계약서를 제출한다는 자체가 심적으로 부담이 되어 배당요구신고를 아예 하지 않거나 배당요구종기일에 임박해서 하게 된다.

4. 소유권 취득시기 전후로 전입신고가 이뤄진 경우

소유권등기 이전에 먼저 가족 중 일부가 전입신고를 했거나, 소유권 등기 직후 전입신고를 한 경우이다. 이런 경우는 대부분 가족

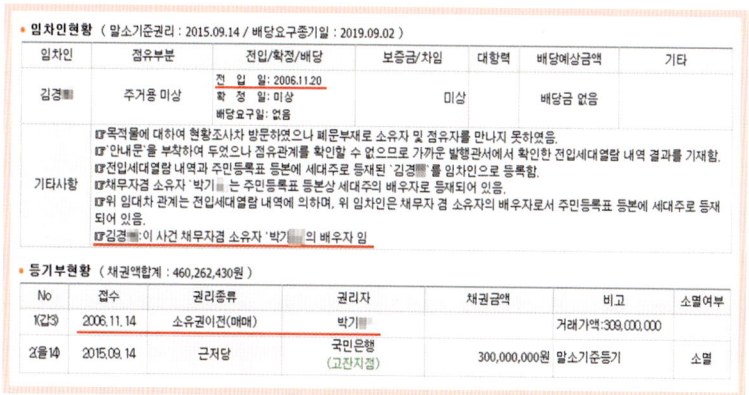

소유권 이전된 지 얼마 안 돼 전입신고가 이뤄진 경우(예시)

의 전입신고일 가능성이 높다. 사진의 경우 기타사항에 '전입자는 채무자 겸 소유자의 배우자'라고 기재돼 있지만, 기재되지 않은 경우에도 이런 방식으로 추정해 나가면 된다.

5. 법원 문서 접수 내역

경매 정보상에 드러나 있는 내용만으로 가장 임차인 여부를 판단하기 부족하다면, 물건송달 내역을 통해서도 확인할 방법이 있다. 채권자가 법원에 접수한 배당배제신청서, 무상거주확인서, 임대차사실부인확인서 등이 그것이다.

| 2017.01.18. | 채권자 국민은행 배당배제신청 제출 |

(예시)

가장 임차인으로 의심할 만한 점유자가 있는 경우 십중팔구 채권자(또는 채권은행)는 법원에 그 점유자에 대한 배당을 배제해 달라는 배당배제신청서를 접수한다. 가장 임차인으로 인해 저가에 낙찰될 경우 채권자가 가장 피해를 보기 때문이다. 채권자는 임차인에 대한 확실한 증거자료를 갖고 있으므로, 채권자로부터 배당배제 신청서가 제출되었다면 가장 임차인이 거의 확실하다고 볼 수 있다.

6. 법원 문서 송달 내역

2014.05.23	임차인 000 개시결정정본 발송	2014.05.28. 수취인 불명
2014.06.03	임차인 000 개시결정정본 발송	2014.06.11. 이사 불명
2014.07.07	임차인 000 개시결정정본 발송	2014.07.22 도달

(예시)

문서의 도달 여부로 판단하는 방법도 있다. 법원은 임차인으로 추정되는 자를 이해관계인으로 보아, 임차인 통지서를 비롯해서 경매절차와 관련된 공문들을 다수 송달한다. 그 통지서들은 당연히 경매 목적물의 주소지로 송달될 것이다. 진정한 임차인이라면 현재 경매 목적물에 거주하고 있을 테니 말이다. 그러나 간혹 수취인 불명, 이사 불명 등의 사유로 도달되지 않는 경우가 있다. 폐문부재라면 집배원이 거주자를 못 만났을 가능성이 있겠지만 수취인 불명이나 이사 불명이라면 전입신고자는 임대차와는 무관한 사람일 가능성이 크다. 다만, 채무자와 가장 임차인이 짠 것이라면 임차인에게 송달될 서류들을 채무자 측에서 대신 수령할 수도 있다. 그러니 가장 임차인이라고 의심되는 사안에서 임차인 통지서가 도달해도 의심의 끈을 놓지는 말자.

선순위 임차인 물건 공략법

앞서 배운 내용을 활용해 다음 사례를 분석해보자. 경매 진행하는 공급면적 33평형 아파트가 있다. 등기부를 보니 2012년 12월 28일 근저당권이 말소기준등기로 이후 권리는 모두 소멸된다.

소재지	경기도 김포시 고촌읍 신곡리 ▒▒▒					
새 주소	경기도 김포시 고촌읍 수기로 ▒▒▒					
물건종별	아파트	감 정 가	380,000,000원	오늘조회: 27 2주누적: 207 2주평균: 15		
대 지 권	42.809㎡(12.95평)	최 저 가	(70%) 266,000,000원	구분	입찰기일	최저매각가격	결과
건물면적	84.993㎡(25.71평)	보 증 금	(10%) 26,600,000원	1차	2019-11-28	380,000,000원	유찰
매각물건	토지·건물 일괄매각	소 유 자	오덕▒		2020-01-09	266,000,000원	변경
개시결정	2019-05-03	채 무 자	오덕▒	2차	2020-04-23	266,000,000원	
사 건 명	임의경매	채 권 자	이순▒ 외 1				
관련사건	2020타경▒▒(중복), 2012타경▒▒(소유권이전)						

해당 사건 모습

No	접수	권리종류	권리자	채권금액	비고	소멸여부
1(갑7)	2012.12.28	소유권이전(매매)	오덕▉		임의경매로 인한 매각 2012타경▉	
2(을12)	2012.12.28	근저당	이순▉	215,800,000원	말소기준등기 확정채권대위변제전: 동대문중앙새마을금고	소멸
3(을13)	2013.06.24	근저당	(주)스탠다드스타에이엘씨	70,000,000원	확정채권양도전:선경 케미칼주식회사	소멸
4(갑10)	2014.03.26	압류	국민건강보험공단			소멸
5(갑12)	2014.09.16	압류	서인천세무서			소멸
6(갑13)	2014.10.07	압류	인천광역시서구			소멸
7(갑14)	2015.02.13	압류	예산세무서			소멸
8(을14)	2015.07.28	근저당	조영▉	150,000,000원		소멸
9(갑17)	2017.07.21	압류	인천광역시서구			소멸
10(갑18)	2018.02.21	압류	김포시			소멸
11(갑19)	2019.05.03	임의경매	이순▉	청구금액: 159,971,590원	2019타경▉	소멸
12(갑20)	2020.01.20	임의경매	(주)스탠다드스타에이엘씨	청구금액: 70,000,000원	2020타경▉	소멸

해당 부동산 등기부 내용

말소기준등기에 문제가 없으니 이번에는 임차인이 있는지 살펴야 할 차례다. 매각물건명세서를 보니 점유자 정○혜의 전입일자가 2002년 12월 23일로 말소기준등기인 2012년 12월 28일보다 빠르다.

사건	2019타경 2020타경 (중복)	부동산임의경매	매각물건번호	1	작성일자	2020.03.26	담임법관 (사법보좌관)	안
부동산 및 감정평가액 최저매각가격의 표시	별지기재와 같음		최선순위 설정	2012.12.28. 근저당권		배당요구종기	2019.07.16	

부동산의 점유자와 점유의 권원, 점유할 수 있는 기간, 차임 또는 보증금에 관한 관계인의 진술 및 임차인이 있는 경우 배당요구 여부와 그 일자, 전입신고일자 또는 사업자등록신청일자와 확정일자의 유무와 그 일자

점유자 성 명	점유 부분	정보출처 구 분	점유의 권 원	임대차기간 (점유기간)	보 증 금	차 임	전입신고 일자, 사업자등록 신청일자	확정일자	배당 요구여부 (배당요구일자)
정○혜		현황조사	주거 임차인				2002.12.23		

<비고>
※ 최선순위 설정일자보다 대항요건을 먼저 갖춘 주택·상가건물 임차인의 임차보증금은 매수인에게 인수되는 경우가 발생할 수 있고, 대항력과 우선변제권이 있는 주택·상가건물 임차인이 배당요구를 하였으나 보증금 전액에 관하여 배당을 받지 아니한 경우에는 배당받지 못한 잔액이 매수인에게 인수되게 됨을 주의하시기 바랍니다.

매각물건명세서 내역

정○혜가 진짜 임차인이라면 대항력이 있으므로 낙찰자의 인수

대상이다. 권리신고를 하지 않아 보증금이 얼마인지 알 수 없으므로 입찰하기 전 면밀히 조사해 임차보증금만큼 뺀 가격으로 입찰해야 한다. 그렇지 않고 섣불리 입찰하면 낙찰받고도 잔금을 치르지 못하는 사태가 올 수 있다. 즉, 초보자가 꺼리는 물건이자 고수가 환영하는 물건이다.

전입일자가 빠르다고 매번 대항력이 있을까?

정○혜의 전입일자가 빠르지만, 그렇다고 정○혜가 진짜 선순위 임차인일까? 면밀한 조사를 위해 위에서 본 등기부를 다시 한 번 살펴보자. 부동산의 이력서인 등기부를 보니 현 소유자는 과거에 해당 부동산을 경매로 낙찰받았다. 그렇다면 경매가 진행됐던 과거 상황을 보기 위해 과거 사건의 등기부와 매각물건명세서를 보자.

No	접수	권리종류	권리자	채권금액	비고	소멸여부
1	2003.01.18	소유권이전(매매)	윤○호			
2	2010.11.29	근저당	달구별신협	263,900,000원	말소기준등기	소멸
3	2011.03.23	근저당	신용보증기금	324,000,000원		소멸
4	2011.03.23	근저당	기술신용보증기금	576,000,000원		소멸
5	2012.06.21	임의경매	달구별신협	청구금액: 203,000,000원	2012타경	소멸
6	2012.07.17	가압류	(주)아이비케이캐피탈	108,228,910원		소멸

과거 경매 진행 당시 등기부 요약 내용

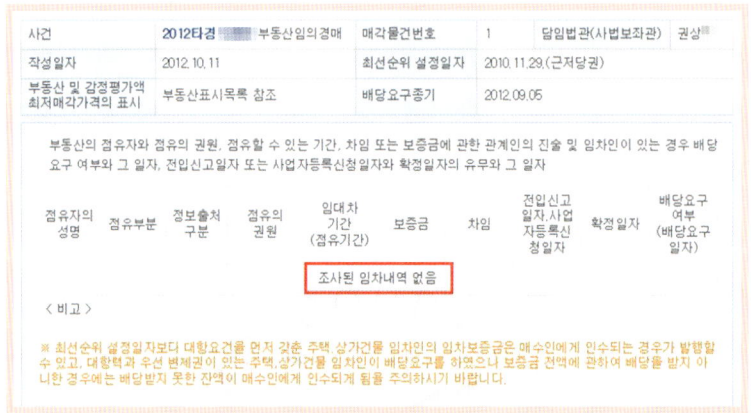

과거 사건 매각물건명세서

　　과거 사건을 보니 윤○호가 2003년 1월 18일 소유권을 취득했다. 경매 진행 당시 매각물건명세서에 임차인 내역이 없는 걸로 보아 소유자인 윤○호 세대가 거주했던 걸로 보인다. 따라서 현 경매사건의 점유자로 등재된 정○혜는 윤○호의 가족으로 추정할 수 있다(배우자일 가능성이 높다). 윤○호의 소유권이전날짜인 2003년 1월 18일 보다 정○혜 전입일자가 빠른 것은 소유자 세대가 먼저 전입을 하고 등기가 나중에 나온 것으로 추정된다. 신축아파트는 등기신청이 대량으로 들어가다 보니 처리일자가 늦어지는 경우가 종종 있다.

【 갑 구 】 (소유권에 관한 사항)				
순위번호	등 기 목 적	접 수	등 기 원 인	권리자 및 기타사항
1	소유권보존	2002년12월31일 제86302호		소유자 오용동재건축주택조합 3157-00072 경기도 김포시 고촌면 신곡리 485-2 대표자 한○ 520123-1****** 경기도 김포시 풍무동
2	소유권이전	2003년1월18일 제2835호	2001년4월23일 매매	소유자 윤○호 650901-1****** 경기도 김포시 고촌면 신곡리
3	가압류	2011년7월25일 제41601호	2011년7월25일 서울남부지방법원의 가압류결정(2011카단	청구금액 금10,000,000 원 채권자 주소거업주식회사 서울 성동구 옥수동 16-2
4	3번가압류등기말소	2011년10월21일 제60576호	2011년10월17일 해제	
5	임의경매개시결정	2012년6월21일 제38843호	2012년6월21일 인천지방법원 부천지원의 임의경매개시결정(2012 타경	채권자 달구벌신용협동조합 170141-0000867 대구 수성구 대흥동
6	가압류	2012년7월17일 제44296호	2012년7월16일 대전지방법원 서산지원의 가압류결정(2012카압	청구금액 금108,228,910 원 채권자 주식회사 아이비에이케피탈 서울특별시 강남구 테헤란로 414 (대치동) (소관:리스크관리부)

과거 등기부 내역, 재건축 전의 주택을 사서 재건축 후에 아파트에 입주한 걸로 보인다.

과거 사건에는 조사된 임차 내역이 없었는데, 현재 과거 날짜의 정○혜가 드러난 이유도 유추해볼 수 있다. 과거 사건에서 소유자는 윤○호였고, 정○혜는 세대원이었기에 드러날 이유가 없었던 것이다. 이후 해당 부동산이 경매로 매각되었고, 해당 세대원이었던 정○혜가 낙찰자와 임대차계약을 맺고 쭉 거주하고 있었던 것으로 추정된다. 전입일자는 세대주 기준으로 드러나는데 세대주인 윤○호의 전입일자가 아닌 정○혜의 전입일자가 드러나는 걸로 보아 윤○호는 다른 곳으로 전입을 한 것으로 추정된다.

결과적으로 전 소유자의 가족(부인으로 추정)인 정○혜와 낙찰자가 임대차계약을 맺는 경우 대항력의 발생시점은 소유권이 이전된 날의 다음날 0시다. 즉, 임차인의 전입일자가 2002년 12월 23일이라 할지라도 낙찰자가 소유권을 이전한 2012년 12월 28일의 다음 날 2012년 12월 29일 0시부터 대항력이 발생한다. 해당 주택의 말소기준등기는 2012년 12월 28일 근저당권이므로 임차인의 대항력은 없는 것이다. 이렇듯, 전입일자가 빠른 선순위 임차인이 거주한다고 해서 무조건 피할 게 아니라, 꼼꼼한 분석을 통해 대항력 없음을 밝혀낼 수 있다.

> **기존 소유자가 주택을 매도하고 임차인이 된 경우 대항력 발생시점의 판단**
>
> 甲이 주택에 관하여 소유권이전등기를 경료하고 주민등록 전입신고까지 마친 다음 처와 함께 거주하다가 乙에게 매도함과 동시에 그로부터 이를 다시 임차하여 계속 거주하기로 약정하고 임차인을 甲의 처로 하는 임대차계약을 체결한 후에야 乙 명의의 소유권이전등기가 경료된 경우, 제3자로서는 주택에 관하여 甲으로부터 乙 앞으로 소유권이전등기가 경료되기 전에는 甲의 처의 주민등록이 소유권 아닌 임차권을 매개로 하는 점유라는 것을 인식하기 어려웠다 할 것이므로, 甲의 처의 주민등록은 주택에 관하여 乙 명의의 소유권이전등기가 경료되기 전에는 주택 임대차의 대항력 인정의 요건이 되는 적법한 공시방법으로서의 효력이 없고 乙 명의의 소유권이전등기가 경료된 날에야 비로소 甲의 처와 乙 사이의 임대차를 공시하는 유효한 공시방법이 된다고 할 것이며, 주택임대차보호법 제3조 제1항에 의하여 유효한 공시방법을 갖춘 다음날인 乙 명

> 의의 소유권이전등기일 익일부터 임차인으로서 대항력을 갖는다(대법원 99다59306 판결).

무상거주확인서의 효력은?

무상거주확인서나 임대차사실부인확인서는 금융기관이 대출실행 전에 담보물건의 안전성을 확보하기 위해 해당 주택의 점유자가 임차인이 아니라는 사실을 확인하는 서류다. 그런데 임차인인 경우에도 담보대출을 이용하려는 건물주의 부탁으로 무상거주확인서 등을 써주는 경우가 있다. 이런 경우 무상거주확인서의 법률적 효력은 어떻게 될까? 실제 많은 분들이 저당권자에게 무상거주확인서를 제출한 임차인이 경매 절차에서 보호를 받을 수 있는지에 대해 궁금해한다. 판례를 찾아봐도 보호를 받을 수 없다는 판례와 받을 수 있다는 판례가 있어 어떤 해석이 옳은 것인지 혼란스러울 것이다.

무상거주확인서를 대하는 판례

무상거주는 민법상 임대차가 아니라 사용대차에 해당하므로 대항력과 최우선변제권이 없다. 따라서 무상거주가 사실이라면 은행이 추후 저당권을 행사해도 손해 볼 일이 없기에 담보의 가치를 과

대평가하게 된다. 이 부동산이 경매 진행될 경우 매수인은 보증금을 고려하지 않은 가격으로 입찰할 수 있다.

> - 임대차 : 상대방이 사용,수익하기 위해 목적물을 인도하고 상대방은 사용수익 후 반환하며, 사용수익의 대가 지급
> - 사용대차 : 임대차와 비슷하지만, 사용수익 대가 없음.

그런데, 무상거주하던 임차인이 갑자기 배당에 참가해 소액보증금을 배당받거나, 매수인에게 대항력을 주장한다면 대출기관과 매수인에게 손해를 끼칠 수 있어 문제가 된다. 이에 대해 그간 판례에는 다소 혼란스러운 점이 있었다.

1. 담보조사 당시에는 무상거주 또는 임차보증금에 대한 권리주장을 하지 않겠다는 내용의 확인서를 작성한 뒤 이를 번복하고 경매절차에서 배당요구를 하거나 대항력을 주장하는 것은 신의칙에 반한다는 판례(86다카2788, 97다12211, 99마4307)가 있다.

2. 경매 절차에서 집행관이 작성한 현황조사서에 임대차 관계가 분명히 확인된 이상 경매가격을 결정함에 있어 신뢰를 준 것이라고는 할 수 없어 건물명도 청구에 대해 대항력을 주장하는 것이 신의칙에 위반된다고 볼 수 없다고 한 판례(86다카1852)가 있다.

이에 대해 2016다 228215 판결은 경매 절차에서 집행관이 작성한 현황조사에서 임대차 관계가 확인됐음에도 채권자에게 무상거주확인서를 작성해준 임차인이 경매 절차의 매수인에게 대항력을 주장하는 것은 허용될 수 없다는 판결이다. 여기서 핵심은 저당권 설정 당시 임차인으로부터 무상거주확인서를 받은 채권자가 이를 경매 법원에 제출했다는 점이다.

> 근저당권자가 담보로 제공된 건물에 대한 담보가치를 조사할 당시 대항력을 갖춘 임차인이 임대차 사실을 부인하고 건물에 관하여 임차인의 권리를 주장하지 않겠다는 내용의 무상임대차 확인서를 작성해 주었고, 그 후 개시된 경매 절차에 무상임대차 확인서가 제출되어 매수인이 확인서의 내용을 신뢰하여 매수신청금액을 결정하는 경우와 같이, 임차인이 작성한 무상임대차 확인서에서 비롯된 매수인의 신뢰가 매각절차에 반영되었다고 볼 수 있는 사정이 존재하는 경우에는, 비록 매각물건명세서 등에 건물에 대항력 있는 임대차 관계가 존재한다는 취지로 기재되었더라도 임차인이 제3자인 매수인의 건물인도청구에 대하여 대항력 있는 임대차를 주장하여 임차보증금반환과의 동시이행의 항변을 하는 것은 금반언 또는 신의성실의 원칙에 반하여 허용될 수 없다(대법원 2016다 228215 판결).

채권자의 무상거주확인서 제출 여부가 관건

요점을 정리하자면, 무상거주확인서가 담보가치 파악이나 경매 가격 결정 시에 영향을 미쳤다면 배당요구나 매수인에 대한 대항력 행사는 불가하다고 봐야 한다.

- 무상거주확인서가 작성되고 임대차의 실체가 경매 절차에서 확인되지 않은 경우엔 임차 주장 불가
- 무상거주확인서가 작성되었으나 집행관의 현황조사서에 임대차 관계가 분명히 확인된 경우에는 임차 주장 가능
- 무상거주확인서가 작성되고 집행관의 현황조사서에 임대차 관계가 확인되었으나 다시 경매 절차에서 무상거주에 관한 자료들이 제출된 경우 임차 주장 불가

무상거주확인서를 임차인이 작성한 경우에는 임대차보증금반환청구권의 포기 또는 그 채무에 대한 면제의 의사표시가 기재된 것으로 볼 수 있다. 하지만 무상거주확인서의 작성자는 낙찰자가 아니라 채권자다. 따라서 그 문서에 무상거주의 취지가 기재됐다고 해도, 이를 곧바로 채무면제의 처분문서에 해당한다고 볼 수는 없고, 채권자가 그 문서의 효력을 적극적으로 주장하는 경우에 한 해 임차인의 대항력이 부정된다. 즉, 낙찰자는 무상거주 확인서를 주고받은 당사자가 아니라 제3자이기 때문에 그 문서의 효력을 주장해

자기의 이익에 활용할 수 없다. 따라서 무상거주확인서가 있어도 채권자가 경매 절차에서 법원에 제출하는 등 적극적인 주장을 해야 효력이 발휘될 수 있다.

무상거주확인서가 있어도 이런 물건은 피하라

한 해에 진행되는 경매 건수는 14만 8,000건(2019년 기준)에 달한다. 한 달에 1만 건이 훌쩍 넘는 경매 물건이 새로 등장하는 만큼 돈 되는 경매 물건은 많다. 한 마디로 돈이 없는 것이지 물건이 없진 않다는 뜻이다. 그러므로 경매 물건을 고를 때 너무 조급해하지 않았으면 한다. 물건은 많으니 스스로 감당할 수 있는 수준의 물건에 도전해가며 실력을 쌓는 것이 좋다. 감당할 수 없는 물건에 시달리다 보면 상처뿐인 영광만 남는 경우도 많기 때문이다.

소 재 지	경기도 성남시 분당구 수내동						
새 주 소	경기도 성남시 분당구 내정로				도로명검색	지도	지도
					오늘조회: 2 2주누적: 3 2주평균: 0		조회동향
물건종별	아파트	감 정 가	700,000,000원	구분	입찰기일	최저매각가격	결과
					2014-08-18	700,000,000원	변경
				1차	2014-12-29	700,000,000원	유찰
대 지 권	69.95㎡(21.16평)	최 저 가	(70%) 490,000,000원	2차	2015-02-02	490,000,000원	
					낙찰 669,999,900원(95.71%) / 9명 / 불허가		
					(차순위금액:651,800,000원)		
				3차	2015-04-13	490,000,000원	낙찰
건물면적	134.48㎡(40.68평)	보 증 금	(20%) 98,000,000원		낙찰 671,049,000원(95.86%) / 5명 / 미납		
					(차순위금액:650,780,000원)		
				4차	2015-06-22	490,000,000원	낙찰
매각물건	토지 건물 일괄매각	소 유 자	강선ㅁ		낙찰 603,800,000원(86.26%) / 5명 / 미납		
					(차순위금액:551,600,000원)		
				5차	2016-03-28	490,000,000원	

매각물건	토지 건물 일괄매각	소유자	강선■	4차	2015-06-22	490,000,000원 낙찰
				낙찰 603,800,000원(86.26%) / 5명	미납	
				(차순위금액:551,600,000원)		
개시결정	2014-01-20	채무자	고영■	5차	2016-03-28	490,000,000원
				낙찰 : 566,160,000원(80.88%)		
				(입찰3명,낙찰:오영■ /		
				차순위금액 545,000,000원)		
사건명	임의경매	채권자	에스비아이저축은행	매각결정기일 : 2016.04.04 - 매각허가결정		
				대금지급기한 : 2016.05.04		
				대금납부 2016.05.04 / 배당기일 2016.06.02		
				배당종결 2016.06.02		

3번의 입찰 실수가 나온 사례

한 사례를 보자. 감정가 7억 원의 아파트가 경매에 등장했는데, 불허가와 잔금 미납 등 우여곡절이 많은 흔적이 보인다. 재매각으로 입찰보증금이 20%인 점을 감안하면 두 명의 낙찰자는 각각 9,800만 원의 보증금을 몰수당한 것이다. 왜 이런 사연들이 나왔는지 사건 내막을 살펴보자.

No	접수	권리종류	권리자	채권금액	비고	소멸여부
1(갑2)	2002.08.27	소유권이전(매매)	강선■			
2(을10)	2012.04.10	근저당	에스비아이저축은행	2,255,500,000원	말소기준등기	소멸
3(갑5)	2013.11.20	가압류	신용보증기금	1,275,000,000원	2013카단■	소멸
4(갑6)	2014.01.20	임의경매	에스비아이저축은행	청구금액: 900,000,000원	2014타경■ 양도전: 하나은행	소멸

사건의 등기부 내역

해당 부동산의 등기부 내역을 보면 2012년 4월 10일 S저축은행의 근저당권이 말소기준등기로 모든 권리는 소멸되어 인수사항은 없다. 다만 이곳엔 임차인을 주장하는 이가 있었으니 이점이 관건이었다.

임차인	점유부분	전입/확정/배당	보증금/차임	대항력	배당예상금액	기타
김○희	주거용 전부	전 입 일: 2006.09.04 확 정 일: 2005.04.30 배당요구일: 2014.03.25	보228,000,000원	있음	배당순위있음	현황서상보:2억3천만원

임차인분석

☞ 조사외 소유자 점유
☞ 거주자 김○희에게 현관에서 권리신고 및 배당요구신청을 안내하였음
☞ 임차인 김○희에 의하면 채무자 고___ 세대와 자기 세대를 합쳐 모두 2세대가 살고 있다고 함
☞ 세대열람내역상 고**(전입일:2006.08.18. 최초전입자 고** 전입일:2005.04.18) 전입되어있음.
▶ 신청채권자로부터 임차인배제신청 및 무상거주확인서 제출되었으나, 임차인은 실제 거주하는 유상임차인임을 주장
▶ 고**은(는) 전입일상 대항력이 있으므로, 보증금있는 임차인일 경우 인수여지 있어 주의요함
▶ 매수인에게 대항할 수 있는 임차인 있으며, 보증금이 전액 변제되지 아니하면 잔액을 매수인이 인수함

임차인 내역 및 분석

임차인 김○희의 전입일은 2006년 9월 4일, 확정일자는 2005년 4월 30일이었다. 보증금 2억 2800만 원을 주장하고 있는 임차인은 배당요구종기일에 거의 임박해 배당요구를 마쳤다. 세대열람에는 채무자 세대와 김○희 세대가 나오는데, 임차인의 진술에 의하면 두 세대가 같이 살고 있다고 했다. 채권은행은 법원에 임차인의 무상거주확인서를 제출했고, 임차인은 진성을 증명하는 제반서류를 제출했다.

배당이 문제가 아니라 더 살겠다는 의지다

9명의 입찰자들은 임차인에게 문제가 없다고 본 듯하다. 선순위 임차인이지만 전입일과 확정일자를 갖췄고 배당요구도 했으니 임차인이 1순위로 보증금 전액을 배당받을 것으로 판단한 것이다. 하지만 문제는 그리 간단치 않다. 무상거주확인서를 받아둔 은행은

임차인을 상대로 배당이의소송을 제기할 것이다. 무상거주확인서가 있어 임차인은 신의칙상 은행에 대항할 수 없으니 배당이의소송은 결국 은행이 승소할 것이다.

그렇다면 대항력은 있는데 한 푼도 배당받지 못하는 임차인의 보증금을 전액 낙찰자가 떠안을 수밖에 없는 상황이 된다. 낙찰자는 무상거주확인서를 근거로 임차인의 명도소송을 진행할 수밖에 없다. 소송의 쟁점은 무상거주확인서가 얼마나 매수금액을 산정하는데 영향을 미쳤는지 여부에 달려 있다. 결국, 낙찰받고도 한참을 소송으로 허비해야 하는 사건인 것이다. 아마 이런 이유로 첫 번째 낙찰자는 다행히 불허가로 빠져나왔지만, 두세 번째 낙찰자는 보증금을 포기할 수밖에 없었던 이유다.

그러므로 무상거주확인서가 제출된 사건이라 가장 임차인처럼 보이더라도, 선순위 임차인이 배당요구를 한 사건은 명도소송까지 염두에 둬 신중히 접근해야 한다. 결과적으로 승소하더라도 몸과 마음이 지치는 경우가 많기 때문이다. 한 건 처리할 때마다 지치면 경매 오래 하지 못한다. 소송까지 비화하지 않는 물건도 얼마든지 많으니 물건을 고를 땐 가급적 감당할 수 있는 범위 안에서 차분히 고르길 바란다.

등기부만 잘 봐도 수천만 원 싸게 살 수 있다

앞 페이지에서 배운 기술들로 다음과 같은 실제 사례의 가장 임차인을 분석해보자. 동일 아파트의 201호와 202호가 경매에 등장했다. 매각기일도 같았는데 두 사건의 결과가 흥미롭다. 먼저 201호의 경매 결과를 보자.

경매가 진행된 201호

해당 주택의 임차인 내역과 등기부 현황

Part 2 선순위 임차인 편 : 큰 수익을 안겨주는 가장 임차인

이 주택의 말소기준등기는 2009.01.21.의 K은행의 근저당권이었다. 해당 세대에는 전입일자 2013.8.8. 확정일자 2013.8.8.의 후순위 임차인이 거주하고 있었고, 배당요구도 했다. 보증금은 1억 4,000만 원이었다. 권리분석의 문제가 없는 물건이어서 그런지 감정가 2억 3,100만 원에 낙찰금액이 약 2억 1,000만 원이다.

이번엔 가장 임차인이 있는 202호의 경매 결과를 보자.

경매가 진행된 202호

해당 주택의 임차인 내역과 등기부 현황

이 주택의 말소기준등기는 2012년 7월 23일 H저축은행의 근저당권인데, 전입일자가 2007년 7월 13일로 빠른 세대가 있다. 확정일자가 미상이며 배당요구가 없어 진성 임차인이라면 고스란히 인수해야 할지도 몰라 초보자들이 꺼리는 물건이다. 자, 이제 이런 물건을 무조건 피하지 말고 전입자가 진성 임차인인지 가려보자.

선순위 전입자가 있는 상태에서 H저축은행으로부터 시세의 70% 금액으로 대출이 실행됐다. 전입시기가 소유권이전 시기보다 6일 빠른데, 전입자의 확정일자와 배당요구가 없는 점으로 보아 가장 임차인일 가능성이 높다. 확실한 증거를 확보하기 위해 등기부 내역을 살펴보자.

甲구

乙구

甲구를 보면 2007년 7월 19일 소유권이 이전되었다. 乙구를 보면 같은 날 C은행의 근저당권(원금 1억 6,000만 원. 채권최고액 1억 9,200만 원)이 설정되었음을 알 수 있다. 게다가 이 당시 채무자가 전입자와 동일 이름인 것으로 보아 둘은 가족관계로 보인다. 이후 2011년 9월에도 원금 5,000만 원의 대출이 실행됐으며 2012년 7월에는 H저축은행에서 원금 2억 1,800만 원의 대출을 실행해 기존 대출을 상환했다(이를 '대환대출'이라고 한다).

즉, 은행에서 임차인이 없음을 확인하고 대출해주었을 것이므로, 선순위 전입자는 진성 임차인이 아니라고 판단하는 것이다. 이게 바로 등기부를 통해 진성 임차인 여부를 판단할 수 있는 핵심 포인트다.

자, 이 주택의 낙찰가액은 1억 8,500만 원으로 앞선 후순위 임차인이 있는 201호보다 2,500만 원을 저렴하게 낙찰받았다. 등기부는 해당 부동산의 이력서로, 과거부터 현재까지 진행된 역사를 말해준다. 등기부만 잘 훑어봐도 수천만 원을 싸게 살 수 있다는 논리가 바로 여기서 나온 것이다.

Plus Tip

가장 임차인 사례별 수익률 순위

1. 임차인이 소유자와 부부라고 공개된 물건 : 부부간 임대차 계약은 인정되지 않으므로 가장 안전한 만큼 입찰자가 다수일 것이므로 수익률이 적다.

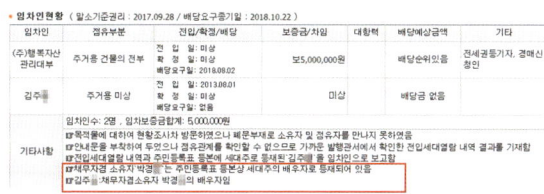

2. 이전 소유자가 임차인인 경우 : 이전 소유자의 대항력은 매도일 다음 날 0시부터이므로, 대항력이 없어지는 경우는 안전하지만 수익률은 적다.

3. 채무자(소유자) 가족이 임차인인 경우 : 이론상 부모자식 사이 임대차계약은 대항력이 성립한다. 하지만 현실에서는 부모자식이 금전관계를 통해 계약요건을 성립한 경우가 드물기 때문에, 자세히 조사해서 큰 수익을 볼 수 있다.

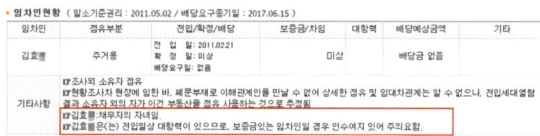

4. 가족관계가 나오지 않고 전입만 나온 경우 : 아무런 정보가 표기되지 않으므로 주의해야 한다. 조사할 것이 많은 물건인만큼 경쟁률이 낮아 가장 큰 수익을 볼 수 있다.

가장 임차인과 이기는 협상하기

　가장 임차인 물건에 입찰할 때는 가장 임차인이라는 확실한 증거를 찾아야 한다. 그래야 명도협상과 인도명령신청 시 유리하게 진행할 수 있다. 점유하고 있는 상대방이 가장인지 진성인지를 모른 채 안이하게 대처한다면, 비용이나 기간 등 점유자의 요구조건에 끌려다닐 수밖에 없을 것이다.

　허위의 임차권을 만들어 경매 절차를 혼란스럽게 한 것은 형법상 사기죄 및 경매입찰방해죄에 해당한다. 가장 임차인이 계속해 허위 임차권을 주장하며 훼방 놓으면 형법상 책임을 물어 고소하겠다는 의지를 보일 필요가 있다. 제 발 저린 가장 임차인은 이사비는 말도 못 꺼내고 형사고소만 안 한다면 최대한 빨리 이사하겠다고 쉽게 포기 의사를 내비칠 수도 있다.

　가장 임차인의 핵심은 그 당시 실제 임대차계약을 체결하고 보증금을 지급했는지 여부다. 가장 임차인들은 사후에 임대차계약서를 작성하므로 지급한 보증금 증거를 제출하기 어려운 경우가 많다. 가장 임차인이라도 보증금 지급이 아니라 금전 대여 등을 원인으로 이체사실이 있을 수 있다. 이때, 보증금인지 대여금인지가 통장에 기재가 안 되어 있으면 다툼이 발생할 여지가 크다. 이런 경우 인도명령이 기각될 확률이 높으므로 명도소송을 통해 조사할 수밖에 없다. 따라서 가장 임차인이란 확신이 든다 해도 무조건 인도명령 대상이라고 속단하지 말고 명도소송이 필요할 수도 있음을 고려해야 한다.

가장 임차인 적용 죄

1. 사기죄, 강제집행면탈죄

실제 임대차관계가 없음에도 최우선변제 자격이 있는 것처럼 허위로 임대차계약서를 작성(아들과 짜고 방 1칸에 2,000만 원에 계약)해 배당을 받아가는 행위는 채권자에게 손해를 입히고 법원을 기망하고 경매의 공정성을 해치는 범죄행위다. 법원은 이와 같은 사안에서 형법상 사기죄와 강제집행 면탈죄를 적용해 징역 6개월의 실형을 선고했다(서울남부지법 2007고단2137).

> 형법 제347조(사기) : ①사람을 기망하여 재물의 교부를 받거나 재산상의 이익을 취득한 자는 10년 이하의 징역 또는 2천만 원 이하의 벌금에 처한다.
> 형법 제327조(강제집행면탈) : 강제집행을 면할 목적으로 재산을 은닉, 손괴, 허위양도 또는 허위의 채무를 부담하여 채권자를 해한 자는 3년 이하의 징역 또는 1천만 원 이하의 벌금에 처한다.

2. 위계에 의한 경매방해죄

경매의 목적이 된 주택의 실질적 소유자인 피고인이 전처명의로 허위임대차계약서(이혼 위자료 담보 조로 1억 5,000만 원)를 작성하고 이를 첨부해 경매법원에 전처가 주택임대차보호법상 대항력 있는 주택임차인인 것처럼 권리신고를 했다면 대항력 있는 주택임차인의 외관을 갖추고 그 사실을 권리신고를 통해 입찰참가인에게 나타내어 그 보증금액만큼 입찰가를 저감시킴으로써 공정한 경매를 방해한 것이므로 형법 제315조의 위계의 방법에 의한 경매방해죄 성립을 인정해 징역 10개월의 실형을 선고했다(인천지방법원 부천지원 2001고단23).

> 형법 제315조(경매, 입찰의 방해) : 위계 또는 위력 기타 방법으로 경매 또는 입찰의 공정을 해한 자는 2년 이하의 징역 또는 700만 원 이하의 벌금에 처한다.

 **Plus Tip**

손쉽게 파악하는 가장 임차인 특징

1. 부동산 중개업자 없이 쌍방협의로 임대차계약서가 작성되었다.
2. 계약일은 오래전인데 계약서 양식은 최신 양식을 사용한 경우
3. 중개업자가 날인한 인감의 등록날짜가 계약서 작성 이후인 경우
4. 경매개시결정등기가 임박해 전입신고를 하는 경우(소액임차인 최우선변제권으로 배당받을 목적)
5. 보증금이 고액임에도 전입 신고한 날짜와 확정일자 날짜의 간격이 긴 경우, 확정일자를 아예 받지 않는 경우, 경매개시결정등기가 임박해서 확정일자를 받거나 개시결정 이후에 받는 경우
6. 보증금이 당시 시세와 맞지 않는 경우. 전입일자는 과거지만 현재 시세와 비슷하거나 현저히 낮은 경우
7. 명도소송 중에 실제 보증금이 오간 증빙자료(온라인 송금영수증, 은행 입금 영수증 등)를 제시하지 못하고 현금으로 지급했다고 한다.
8. 채무자가 채무 초과상태에서 임차권이 설정돼 사해행위 취소의 대상이 되는 경우가 있다.

가장 임차인 함정에
빠지지 않는 법

상가 임차보증금 1원에 숨은 함정

경매가 진행된 해당 사건의 모습

해당 건물 모습

경기도 평택시에 있는 근린 주택이 경매에 나왔다. 지하와 1층은 근린생활시설, 2층은 주택인 건물이다. 해당 사건의 토지 및 건물 등기부를 보면 근저당권 이하 모두 소멸이라 인수되는 권리는 없다.

No	접수	권리종류	권리자	채권금액	비고	소멸여부
1(갑10)	2010.12.28	소유권이전(공매)	고안■			
2(을7)	2015.05.19	근저당	용인축협 (역삼동지점)	220,000,000원	말소기준등기	소멸
3(갑15)	2016.12.06	가압류	박윤■	150,000,000원	2016카단■	
4(갑16)	2017.12.27	강제경매	박윤■	청구금액: 183,200,000원	2017타경■ 박윤 근 가압류의 본 압류로의 이행	소멸
5(갑17)	2018.09.28	임의경매	용인축협	청구금액: 183,558,969원	2018타경■	소멸

해당 사건의 등기부 내역(토지, 건물 기재 내역 동일)

Part 2 선순위 임차인 편 : 큰 수익을 안겨주는 가장 임차인

매각물건명세서 내역

　　매각물건명세서를 보니 임차인 손○의 사업자등록일자가 2013년 10월 16일로 말소기준등기인 2015년 5월 19일 근저당보다 빠르다. 〈비고〉를 보니 손○은 채무자 고○준의 처(배우자)란 기록이 있다. 자, 그럼 여러분은 이 사건의 분석을 어떻게 하겠는가, 혹시 이런 생각으로 권리분석을 하진 않았는가?

　　'1층을 사용하는 상가임차인이 소유자의 배우자다. 사업자등록 날짜가 빠른 선순위 임차인이긴 하지만 부부관계는 임대차 관계가 성립하지 않으므로 임차인의 대항력은 없다. 혹여 대항력이 인정된다 하더라도 보증금이 1원이니 물어주면 그만이다'라고 말이다. 입찰자도 여러분과 같은 생각이었는지, 이 물건은 2억 9,600만 원에 낙찰됐다가 잔금을 미납해 재매각이 진행된 상태에서 7명의 경쟁자를 물리치고 다시 한 번 약 2억 7,700만 원에 낙찰되었다.

보증금 1원으로 1층 상가를 쓰는 함정

자, 그럼 이 사건이 왜 함정물건인지 분석해보자.

먼저 낙찰받은 사람은 왜 입찰보증금을 날리면서까지 잔금을 미납하게 되었을까? 단독입찰이라 두려워서일까? 예상했던 만큼 대출이 나오지 않아 자금이 부족해서일까? 필자의 짐작으론 낙찰받고 나서야 이 물건의 큰 함정을 알아챘기 때문이었을 것이다. 바로 임차인 손○의 막강한 파워를 말이다.

결론적으로 이 사건의 낙찰자는 임차인 손○을 인수해야 한다. 손○이 소유자의 배우자라 하더라도 선순위임차인의 대항력을 인정받기 때문이다. 부부 사이의 임대차 관계가 무효인 것은 주택일 때 얘기로, 상가는 이와 무관하게 부부 사이라도 임대차 관계가 성립한다.

"보증금 1원인데 그까짓 것 인수해도 별거 아니잖아요?" 이런 생각이 들 수도 있으나 여기서는 금액이 문제가 아니다. 주택임대차와 다르게 상가건물임대차는 10년의 기간 동안 계약갱신요구권이 있어 상가를 비워주지 않아도 된다. 임대인은 임차인이 임대차기간이 만료되기 6개월 전부터 1개월 전까지 사이에 계약갱신을 요구할 경우 정당한 사유 없이 거절하지 못하기 때문이다.

따라서 해당 상가는 최초 계약일인 2013년 10월 16일로부터 10년째 되는 2023년 10월 15일까지 사용할 수 있다. 갱신되는 임대차는 전 임대차와 동일한 조건으로 보는데, 이에 맞서 소유자는 차임인상요구권을 행사할 수 있지만 이는 보증금의 연 5%에 해당하는 금액이라 1원의 보증금으로는 전혀 실익이 없다.

그러므로 낙찰자는 잔금납부 후에도 향후 4년 가까이 1층 상가를 사용할 수 없게 된다. 그렇지 않고 해당 임차인을 내보내려면 많은 합의금을 쥐어주어야 할 것으로 보인다. 금싸라기 같은 1층 상가를 오랜 기간 수수방관하느냐, 거액의 합의금을 마련하느냐의 기로에 서있으니 어떻게 제대로 된 낙찰이라고 할 수 있겠는가.

이러한 함정에 빠지지 않으려면 입찰하기 전에 많은 공부가 필요하다. 잘 모를 때 물어볼 경매 스승은 꼭 있어야 한다. 경매 세계는 '뛰는 사람 위에 나는 사람이 있다'는 점을 잊어선 안 된다. 그렇지 않고 본인의 판단이 맞겠거니 하고 입찰하러 갔다가는 이렇게 호되게 물리는 경우가 발생한다.

상가건물 임대차 계약갱신요구권

상가임대차보호법 제10조(계약갱신 요구 등)

① 임대인은 임차인이 임대차 기간이 만료되기 6개월 전부터 1개월 전까지 사이에 계약갱신을 요구할 경우 정당한 사유 없이 거절하지 못한다.
② 임차인의 계약갱신요구권은 최초의 임대차 기간을 포함한 전체 임대차 기간이 10년을 초과하지 아니하는 범위에서만 행사할 수 있다.

일반적으로 상가건물 임대차계약은 1~2년 사이를 기준

으로 작성된다. 하지만 상가건물임대차보호법에 의해 1년을 계약하든 2년을 계약하든 임차인이 원하면 10년간 사용할 수 있다. 어차피 10년간 이용할 수 있는데 처음부터 10년 계약서를 쓰자고 하면 임대인이 거부감을 보일 수 있고, 10년 기간을 계약했다가 그 전에 나가야 할 경우도 있을 수 있으니, 통상 1~2년 기간의 계약서를 쓰고 상황에 맞게 임대차기간이 만료되기 6개월 전부터 1개월 전 사이에 계약갱신요구권을 발휘한다.

임차인의 계약갱신요구권이 인정되지 않는 경우

1. 임차인이 3기의 차임액을 연체한 사실이 있는 경우
2. 임차인이 거짓이나 그 밖의 부정한 방법으로 임차한 경우
3. 서로 합의하여 임대인이 임차인에게 상당한 보상을 제공한 경우
4. 임차인이 임대인 동의 없이 건물의 전부 또는 일부를 전대한 경우
5. 임차인이 건물의 전부나 일부를 고의나 중대한 과실로 파손한 경우
6. 임차한 건물의 전부나 일부가 멸실되어 임대차의 목적을 달성하지 못할 경우
7. 임대차계약 체결 당시 공사시기 및 소요기간 등을 포함한 철거 또는 재건축 계획을 임차인에게 구체적으로 고지하고 그 계획에 따르는 경우

8. 건물에 노후·훼손·일부 멸실 등 안전사고의 우려가 있는 경우
9. 다른 법령에 따라 철거 또는 재건축이 이루어지는 경우
10. 그 밖에 임차인이 임차인으로서의 의무를 현저히 위반하거나 임대차를 계속하기 어려운 중대한 사유가 있는 경우

두 지위를 다 갖는 임차인 배당에 숨은 함정

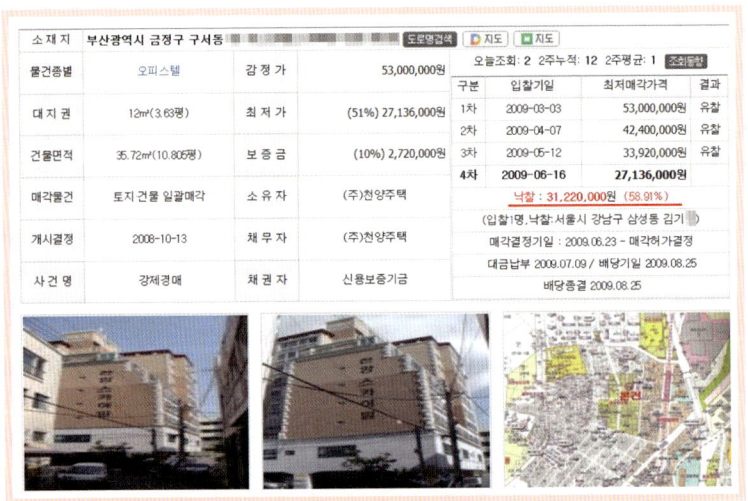

경매가 진행된 해당 오피스텔

감정가 5,300만 원의 오피스텔이 유찰을 거듭하다 3,100여만 원에 낙찰되었다. 낙찰자는 대금납부까지 마쳤지만 이 사건에 큰 함

정이 숨어있는 것을 미처 알지 못했다.

해당 사건의 등기부

해당 사건의 매각물건명세서

등기부상 1순위 권리는 2007년 9월 14일 황○성의 전세권이다. 앞서 우리는 전세권자가 배당요구하면 선순위 전세권이 말소된다고 배웠다. 해당 사건의 매각물건명세서를 보면 전세권자 황○성은 배당요구종기일 안에 배당요구를 마쳤다. 그렇다면 전세권은 말소될 것인데, 무슨 문제가 있을까?

문제는 매각대금으로 전세금을 충족하지 못한 데 있다. 황○성은 선순위 전세권자이자 2007년 9월 18일 전입신고를 한 임차인이었다. 낙찰자는 대금을 완납한 후 임차인에게 퇴거를 요구했지만, 2,900여만 원을 배당받는 임차인은 남은 보증금을 요구하면서 퇴거에 응하지 않았다. 이후 낙찰자는 인도명령을 신청했으나 법원에서 이를 기각했고, 낙찰자는 인도명령기각에 대한 항고까지 이르게 된다.

하지만 법원의 결론은 동일인이 같은 주택에 전세권과 임차권을 겸유하고 전세권설정일자가 임차권의 대항력 구비시점보다 앞서는 경우 위 임차권으로 매수인에게 대항할 수 있다는 것이다. 낙찰자는 배당요구를 통해 전세권이 매각으로 소멸한 이상 후순위 임차권도 소멸해 대항력이 없음을 주장했지만 항고에서 결국 패소한다. 재항고를 거쳐 대법원에서도 최종 패소함에 따라 낙찰자는 약 2,100만 원의 보증금을 임차인에게 변제해야 했다. 따라서 선순위 전세권자 + 대항력 임차인의 지위를 겸비한 물건에 입찰할 때는 낙찰금액으로 임차인에게 전액 배당이 되는지 여부를 꼭 살펴야 한다.

전세권자 + 대항력 임차인의
미배당된 금액은 인수

주택에 관하여 최선순위로 전세권설정등기를 마치고 등기부상 새로운 이해관계인이 없는 상태에서 전세권설정계약과 계약당사자, 계약목적물 및 보증금(전세금액) 등에 있어서 동일성이 인정되는 임대차계약을 체결하여 주택임대차보호법상 대항요건을 갖추었다면, 전세권자로서의 지위와 주택임대차보호법상 대항력을 갖춘 임차인으로서의 지위를 함께 가지게 된다. 이러한 경우 전세권과 더불어 주택임대차보호법상의 대항력을 갖추는 것은 자신의 지위를 강화하기 위한 것이지 원래 가졌던 권리를 포기하고 다른 권리로 대체하려는 것은 아니라는 점, 자신의 지위를 강화하기 위하여 설정한 전세권으로 인하여 오히려 주택임대차보호법상의 대항력이 소멸된다는 것은 부당하다는 점, 동일인이 같은 주택에 대하여 전세권과 대항력을 함께 가지므로 대항력으로 인하여 전세권 설정 당시 확보한 담보가치가 훼손되는 문제는 발생하지 않는다는 점 등을 고려하면, 최선순위 전세권자로서 배당요구를 하여 전세권이 매각으로 소멸되었다 하더라도 변제받지 못한 나머지 보증금에 기하여 대항력을 행사할 수 있고, 그 범위 내에서 임차주택의 매수인은 임대인의 지위를 승계한 것으로 보아야 한다(대법원 2010마 900).

토지와 건물 등기부가 다를 때, 임차인 배당의 함정

소재지	경기도 안양시 만안구 안양동 ▨▨ [도로명검색] [지도] [지도]			오늘조회: 2 2주누적: 5 2주평균: 0 [조회동향]		
물건종별	다가구(원룸등)	감정가	880,522,620원	구분	입찰기일	최저매각가격	결과
토지면적	162.9㎡(49.277평)	최저가	(64%) 563,534,000원	1차	2019-07-23	837,268,200원	변경
건물면적	277.71㎡(84.007평)	보증금	(10%) 56,360,000원		2019-10-08	880,522,620원	유찰
				2차	2019-11-12	704,418,000원	유찰
				3차	2019-12-10	563,534,000원	
매각물건	토지 건물 일괄매각	소유자	권오▨	낙찰 : 725,580,000원 (82.4%) (입찰4명,낙찰:박은▨ / 차순위금액 661,200,000원)		
개시결정	2018-04-09	채무자	권오▨	매각결정기일 : 2019.12.17 - 매각허가결정 대금지급기한 : 2020.01.16		
사건명	임의경매	채권자	새안양신협	대금납부 2020.01.15 / 배당기일 2020.02.19 배당종결 2020.02.19		

해당 경매사건 내역

경기도 안양시에 위치한 감정가 8억 3,000만 원의 다가구(원룸) 주택이 경매에 나와 7억 2,500만 원에 낙찰되었고 잔금까지 납부했다. 입찰자가 4명이나 되는 걸로 보아 다들 큰 문제가 없다고 판단한 듯하다. 하지만 여기도 임차인 배당의 함정이 숨어있다. 권리분석을 위해 등기부와 임차인 현황을 살펴보자. 이 때, 단독주택이므로 반드시 토지와 건물 등기부를 각각 살펴야 한다.

No	접수	권리종류	권리자	채권금액	비고	소멸여부
1(갑2)	2015.07.22	소유권이전(상속)	권오▨		협의분할에 의한 상속	
2(을5)	2016.03.18	근저당	새안양신협	585,000,000원	말소기준등기	소멸
3(을7)	2016.04.01	근저당	새안양신협	52,000,000원		소멸
4(을9)	2017.06.07	근저당	에스에이치금융대부(주)	169,000,000원		소멸
5(갑4)	2018.04.09	임의경매	새안양신협	청구금액: 637,000,000원	2018타경▨▨	소멸
6(갑5)	2018.07.26	압류	안양시(만안구)			소멸

토지 등기부

No	접수	권리종류	권리자	채권금액	비고	소멸여부
1(갑1)	2016.11.07	소유권보존	권오■			
2(을1)	2016.11.15	근저당	새안양신협	585,000,000원	말소기준등기	소멸
3(을2)	2016.11.15	근저당	새안양신협	52,000,000원		소멸
4(을3)	2017.06.07	근저당	에스에이치금융대부(주)	169,000,000원		소멸
5(을4)	2017.06.07	전세권(2층 일부)	에스에이치금융대부(주)	5,000,000원	존속기간: 2017.06.05~2018.06.04	소멸
6(을5)	2018.01.11	주택임차권(402호)	주성■	80,000,000원	전입:2016.09.29 확정:2016.10.05 확:2016.10.05(8000만원)	
7(갑3)	2018.04.09	임의경매	새안양신협	청구금액: 637,000,000원	2018타경■	소멸
8(을6)	2018.10.04	주택임차권(201호)	김경■	60,000,000원	전입:2016.09.29 확정:2016.09.29	

건물 등기부

토지는 2016년 3월 18일 근저당, 건물은 2016년 11월 15일 근저당이 말소기준등기로 모든 권리가 소멸된다. 설정일자가 다른 것으로 봐서 구 건물 멸실 후, 신축한 듯하다. 이번에는 해당 주택의 임차인 현황을 살펴보자.

임차인	점유부분	전입/확정/배당	보증금/차임	대항력	배당예상금액	기타
김경■	주거용 201호	전 입 일:2016.09.29 확 정 일:2016.09.29 배당요구일:2018.04.27	보60,000,000원	있음	소액임차인	임차권등기자
에스에이치 금융대부(주)	주거용 2층 일부	전 입 일:미상 확 정 일:미상 배당요구일:없음	보5,000,000원		배당순위있음	전세권등기자
윤정■	주거용 401호	전 입 일:2016.11.07 확 정 일:2016.11.07 배당요구일:2018.06.04	보130,000,000원	있음	배당순위있음	
이은■	주거용 301호	전 입 일:2016.11.14 확 정 일:2016.11.14 배당요구일:2018.04.26	보130,000,000원	있음	배당순위있음	
주성■	주거용 402호	전 입 일:2016.09.29 확 정 일:2016.10.05 배당요구일:2018.05.08	보80,000,000원	있음	소액임차인	임차권등기자
홍종■	주거용 302호	전 입 일:2016.08.31 확 정 일:2016.11.07 배당요구일:2018.04.20	보50,000,000원	있음	소액임차인	
임차인수: 6명, 임차보증금합계: 455,000,000원						

다가구 주택인만큼 임차인이 6명이나 있다.

해당 주택엔 임차인이 6명 있으며, 이들의 보증금 합은 4억 5,500만 원이다. 임차인의 대항력은 건물 등기부를 기준으로 하므로 이들의 임차인은 모두 선순위 임차인으로 대항력이 있다. 다만, 임차인이 모두 배당요구를 했으므로 전액 배당을 받는다면 낙찰자가 추가로 인수할 사항은 없다.

토지와 건물을 나눠 배당한다

낙찰가가 7억 2,500만 원이었는데, 아마도 낙찰자는 이 금액으로 임차인이 전액 배당받을 수 있으니 문제가 없다고 판단한 듯하다. 하지만 낙찰자가 간과한 부분이 있었으니, 다가구 주택은 토지와 건물에 해당하는 금액을 나눠 각각 배당이 진행된다는 사실이다. 이때, 나누는 기준은 감정평가금액이다.

목록		지번	용도/구조/면적/토지이용계획	㎡당 단가 (공시지가)	감정가	비고
토지		안양동	상대보호구역,(한강)폐기물매립시설 설치제한지역, 과밀억제권역,교통…	대 162.9㎡ (49.277평)	3,466,000원 (1,510,000원)	564,611,400원	
건물	1	만안로340번길	1층	주차장	8.7㎡(2.632평)	691,000원	6,011,700원	사용승인:2016.10.11
	2	철근콘크리트구조 (철근)콘크리트(평지붕)지붕	2층	다가구주택(2가구)	89.67㎡(27.125평)	1,152,000원	103,299,840원	사용승인:2016.10.11
	3		3층	다가구주택(2가구)	89.67㎡(27.125평)	1,152,000원	103,299,840원	사용승인:2016.10.11
	4		4층	다가구주택(2가구)	89.67㎡(27.125평)	1,152,000원	103,299,840원	사용승인:2016.10.11
			면적소계 277.71㎡(84.007평)		소계 315,911,220원		
감정가		토지:162.9㎡(49.277평) / 건물:277.71㎡(84.007평)			합계	880,522,620원	일괄매각

법원 감정평가서에는 토지와 건물이 나눠 감정평가 돼 있다

법원 감정평가서를 보면, 토지는 약 5억 6,500만 원, 건물은 약 3억 1,500만 원으로 총 8억 8,000만 원으로 감정평가 돼 있다. 해당

낙찰금액은 약 7억 2,500만 원이므로 감정평가서를 기준으로 안분하면 토지는 약 4억 6,500만 원($\frac{5억\,6,500만\,원}{8억\,8,800만\,원}$ × 7억 2,500만 원), 건물은 약 2억 6,000만 원($\frac{3억\,1,500만\,원}{8억\,8,800만\,원}$ × 7억 2,500만 원)이다. 임차인의 보증금이 4억 5,500만 원이었으므로 건물 배당금액을 감안하면 2억 원 정도의 미배당금이 발생해 낙찰자가 인수해야 한다. 대항력 있는 임차인이기 때문이다. 결과적으로 9억 2,500만 원이 넘는 가격으로 낙찰받은 형태가 돼 제대로 된 낙찰이라 볼 수 없다.

그러므로 여러분도 단독주택, 다가구주택처럼 집합건물이 아닌 일반건물에 입찰할 때는 주의해야 한다. 토지와 건물 등기부를 각각 발급해 권리의 소멸 여부를 살피고, 임차인은 공간을 점유하므로 대항력은 건물 등기부를 기준으로 발행한다는 점, 토지와 건물분을 나눠 배당이 이뤄진다는 점을 명심해야 한다. 이에 따라 배당받지 못한 임차보증금에 대해 낙찰자에게 대항력을 주장할 수 있고 낙찰자는 임차인의 보증금 잔액을 인수하게 된다.

Plus Tip

신축건물 담보물권 취득한 때가 기준이다

대지에 관한 저당권 설정 후에 비로소 건물이 신축되고 그 신축건물에 대하여 다시 저당권이 설정된 후 대지와 건물이 일괄 경매된 경우, 주택임대차보호법 제3조의2 제2항의 확정일자를 갖춘 임차인 및 같은 법 제8조 제3항의 소액임차인은 대지의 환가대금에서는 우선하여 변제를 받을 권리가 없다고 하겠지만, 신축건물의 환가대금에서는 확정

> 일자를 갖춘 임차인이 신축건물에 대한 후순위권리자보다 우선하여 변제받을 권리가 있고, 주택임대차보호법 시행령 부칙의 '소액보증금의 범위변경에 따른 경과조치'를 적용함에 있어서 신축건물에 대하여 담보물권을 취득한 때를 기준으로 소액 임차인 및 소액 보증금의 범위를 정하여야 한다(대법원 2009다101275 판결).

2년 간격으로 세 번이나 경매당한 아파트 사연

이번에 볼 경매 사례는 동일 아파트가 1~2년 간격으로 세 번이나 경매에 등장한 사례다. 해당 사건마다 낙찰자가 잔금을 납부한 사례로 재매각 물건은 아니다. 하지만 돌이켜보면 낙찰자가 차라리 잔금 납부를 포기하면서 입찰보증금을 날리는 게 나았을 사건이다. 낙찰자가 미처 알지 못한 함정은 무엇일까? 내용이 조금 긴 편이지만 꼼꼼히 읽어보길 바란다. 같은 상황이 벌어졌을 때 이를 간파할 수 있는 실력을 갖출 수 있도록 말이다.

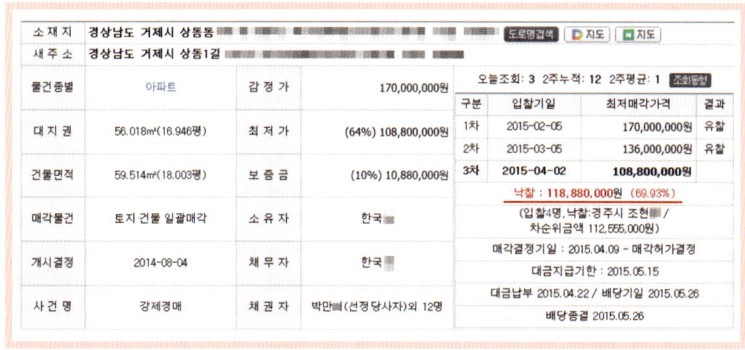

2015년 낙찰된 해당 사건 결과

우선 첫 사건은 2015년으로 거슬러 올라간다. 경남 거제에 위치한 한 아파트가 경매로 낙찰됐다. 4명의 입찰자를 제치고 낙찰된 걸로 보아 입찰한 4명 모두 큰 문제가 없다고 판단한 듯하다. 과연 맞는 판단이었는지 권리분석을 위해 등기부와 매각물건명세서를 보자.

해당 아파트의 등기부 내역

해당 아파트 매각물건명세서

　등기부상 2012년 12월 13일 압류가 말소기준등기로 모든 권리는 소멸되어 인수 사항은 없다. 매각물건명세서를 보면 임차인 이○숙은 전입일자가 2011년 12월 26일로 선순위 임차인이다. 보증금은 1억 2,000만 원이며 배당요구종기일 안에 배당요구를 완료했다. 따라서 등기부도 깨끗이 오고, 인수되는 임차인도 없으니 문제가 없으리라 판단해 입찰을 했고, 낙찰받은 듯하다. 결과적으로 잔금납부까지 했으니 말이다.

　하지만 이 사건에도 함정이 있었다. 대항력 있는 선순위 임차인이 배당요구를 하면 전액이 배당돼야 인수되는 금액이 없으며, 미배당된 보증금은 낙찰자가 변제해야 한다. 임차인의 전입일자가 가장 빠른 것도 맞고, 배당요구도 제대로 했다. 해당 사건의 등기부상 모든 권리는 소멸하는 게 맞다. 하지만 임차인이 가장 먼저 배당받는 게 아니어서 문제가 된다. 배당순위를 알아보기 위해 등기부를 살펴보자.

No	접수	권리종류	권리자	채권금액	비고	소멸여부
1(갑4)	2011.10.06	소유권이전(매매)	한국■■		거래가액:90,000,000	
2(갑5)	2012.12.13	압류	통영세무서		말소기준등기	소멸
3(갑6)	2013.05.15	압류	국민건강보험공단			소멸
4(갑7)	2014.01.17	가압류	신현농협	19,922,005원	2014카단■■	소멸
5(갑8)	2014.02.26	가압류	김정■ 외 12명	40,748,200원	2014카단■■	소멸
6(갑9)	2014.06.02	가압류	금성■ 외 17명	31,616,017원	2014카단■■	소멸
7(갑10)	2014.08.05	강제경매	박만■ 외12명	청구금액: 40,748,200원	2014타경■■	소멸

배당순위에서 쟁점이 되는 등기부 권리들

우선 쟁점이 되는 사항은 등기부상 1순위 권리자인 통영세무서 압류의 법정기일이 언제인지 여부다. 세금은 압류날짜가 아닌 법정기일로 배당을 받기 때문이다. 경매인 경우 입찰자가 법정기일을 알아내는 데 한계가 있으므로 통상적으로 추정하는 방법이 있다. 바로 압류날짜에서 6개월~1년을 차감하는 것이다. 금액은 세무서 압류는 1억 원, 구청 압류는 1,000만 원 정도로 예측하면 큰 무리가 없다. 1순위 세무서의 압류날짜가 2012년 12월 13일이므로 6개월을 차감하면 2012년 6월경, 1년을 차감하면 2011년 12월경이 되어 임차인과 경합을 예상할 수 있다.

이번에는 가압류 차례다. 일반적으로 일반채권 가압류의 배당기준일은 등기부상 접수일자이며, 채권이므로 안분배당이다. 하지만 일반채권이 아닌 임금채권이라면 얘기가 달라진다. 3개월분 임금과 3년분 퇴직금에 해당하는 금액은 소액 임차인의 최우선변제권과 배당순위가 동일해 임차인의 우선변제권보다 순위가 빠르다.

순위	구분	권리 종류
0	경매집행비용	경매진행에 따른 비용
1	필요비, 유익비	경매목적 부동산에 투입된 필요비, 유익비
2	소액보증금 선순위 임금채권	임대차보호법에 의한 보증금 중 일정액 근로기준법에 의한 근로자 임금 채권 (3개월분 임금, 3년분 퇴직금)
3	당해세	경매목적물 자체에 부과된 국세와 지방세
4	법정기일	법정기일이 앞선 조세채권
5	담보물권	확정일자부 임차인의 보증금, 등기한 임차권 담보물권: 근저당, 질권, 전세권, 담보가등기
6	일반 임금채권	3개월 초과분 임금, 3년 초과분 퇴직금
7	조세채권	4순위 보다 늦은 후순위 조세채권
8	공과금	건강보험료, 국민연금, 산재보험료 등
9	일반채권	가압류, 가처분 등의 일반채권

〈참고〉 배당순위

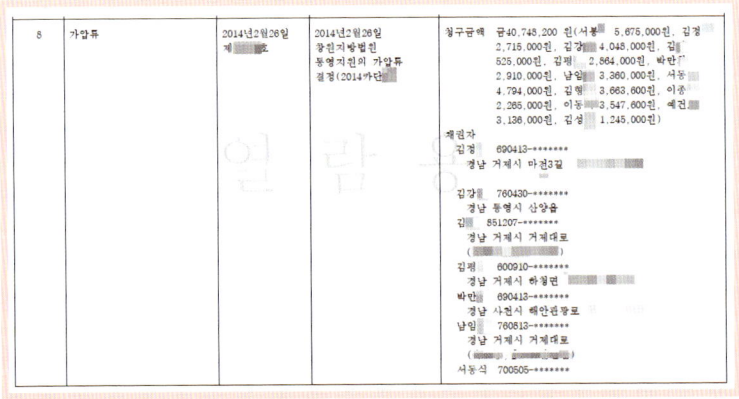

| 9 | 가압류 | 2014년6월2일
제 ■호 | 2014년6월2일
창원지방법원
마산지원의 가압류
결정(2014카단■■) | 청구금액 금31,616,017 원 (금 성■ 853,333원,
강영■ 3,141,098원, 강구■ 4,003,520원,
정진■ 1,012,500원, 정진 600,000원,
유 중■ 762,500원, 박수■ 550,000원,
김 영■ 480,000원, 최 형■ 1,120,000원,
이 종■ 853,333원, 강영■ 3,307,656원,
박 재■ 2,742,233원, 박 변■ 2,713,771원,
강 ■■ 1,496,000원, 강정■ 4,000,000원,
계 경■ 583,333원, 박영■ 2,407,500원,
전 상■ 660,240원
채권자 |

해당 아파트 등기부 중 일부

등기부를 상세히 살펴보면 동일 가압류 순번에 많은 사람들의 금액이 청구돼 있다. 바로 임금채권으로, 법원의 문건접수 내역을 봐도 알 수 있다.

2014.09.12	압류권자 통영세무서장 교부청구 제출
2014.09.25	임금채권자대리인 변호사박범■,공익법무관박대■ 야간송달신청 제출
2014.10.08	교부권자 거제시 교부청구 제출
2014.10.23	임금채권자대리인 변호사박범■,공익법무관박대■ 야간송달신청 제출
2014.11.21	채권자대리인 변호사박범■,공익법무관박대■ 야간송달신청 제출
2014.11.25	임금채권자대리인 변호사박범■,공익법무관박대■ 보정서 제출
2014.12.22	임금채권자대리인 변호사박범■,공익법무관박대■ 공시송달신청 제출
2015.01.26	압류권자 통영세무서장 교부청구 제출
2015.04.07	채권자대리인 변호사박범■,공익법무관박대■ 참고자료 제출

법원 문건접수 내역

등기부에 기록된 29명의 임금채권만 해도 7,200만 원이 넘는다. 게다가 선순위 압류의 법정기일도 문제가 될 소지가 있다. 설사 압류의 법정기일이 늦어 문제가 없다 해도 임금채권은 어찌할 방법이 없다. 먼저 배당받은 임금채권 만큼 임차인의 배당액이 줄어들 테니 낙찰자가 고스란히 인수해야 한다. 그럼에도 이를 파악하지 못한 채 낙찰을 받고 잔금납부까지 했으니 문제가 발생한 것이다.

1년 후 다시 경매에 등장한 아파트

기존 낙찰자를 채무자로 해 임차인이 경매를 신청한 사건

낙찰자가 잔금을 납부한 지 1년 후, 해당 아파트는 다시 경매로 등장했다. 임차인이 소유자(낙찰자)를 채무자로 해 임차보증금 반환청구에 의한 강제경매를 신청한 것이다. 청구금액이 1억 2,000만 원인 걸로 봐서 기존 경매사건에서 임금채권 및 세금의 압류에게 배당액이 전부 지급되면서 임차인은 한 푼의 배당도 받지 못한 것을 알 수 있다.

해당 사건의 등기사항전부증명서

| 6 | 주택임차권 | 2016년1월21일 제2946호 | 2015년12월23일 창원지방법원 통영지원 거제시법원의 임차권등기명령(2015카임) | 임차보증금 금120,000,000원
범 위 전부
임대차계약일자 2011년12월2일
주민등록일자 2011년12월26일
점유개시일자 2011년12월20일
확정일자 2011년12월26일
임차권자 이○○ 601026-*******
경상남도 거제시 상동1길 ██ ██
(상동동) |

주택임차권(임차권등기명령)을 한 임차인

　말소기준등기는 2015년 4월 22일 근저당권이며 인수되는 권리는 없다. 여기서 쟁점은 임차인의 1억 2,000만 원이 전액 배당을 받는지 여부다. 경매사건 진행당시 전입세대열람 상에 전입일자가 없고, 등기부에 주택임차권(임차권등기명령)이 기입된 걸로 보아 임차인이 사정상 이사를 간 듯하다. 그 후 임차인이 강제경매를 신청한 사건에서 임차인이 과연 배당을 받을 수 있는지 생각해볼 필요가 있다.

　우선 첫 경매개시결정 등기 전에 임차권등기를 경료한 임차인은 별도의 배당요구가 없어도 당연히 배당을 받는 채권자에 해당한다(대법원 2005다 33039판례). 이런 이유로 이 사건의 임차인이 배당요구를 했든, 하지 않았든 무조건 배당을 받을 수 있다고 판단하는 경우가 발생한다. 낙찰자도 같은 생각이었는지 1억 2,500만 원의 입찰가를 써내면서 경매집행비용을 제외한 남은 금액이 전액 임차인에게 배당될 수 있도록 신경 쓴 모습이다. 하지만 이 사건의 치명적 함정은 바로 여기에 있다. 결과적으로 이 임차인에게는 한 푼도 배당이 되지 않기 때문이다. 왜 그런지 알아보자.

　임차인 이○숙은 종전 사건의 임차인이다. 과거 진행된 경매사건에서 배당요구를 함으로써 우선변제권을 사용했지만 임금채권과

세금의 압류 등에 밀려 배당을 한 푼도 받지 못했다. 그런 이유로 이번 경매사건을 신청한 당사자기도 하다. 하지만 이런 경우 임차인의 우선변제권을 인정하지 않는다. 물론 전입일자가 빠르므로 대항력은 인정하지만 우선변제권은 기존 사건에서 이미 사용했으므로 이번 사건에서는 인정되지 않는 것이다. 따라서 임차권에 의해 강제경매를 신청했더라도 임차인에게 우선변제권은 없으니 일반채권일 뿐이다. 낙찰금액과 배당순위를 감안했을 때 1순위 근저당권자인 새마을금고에 전액 배당되므로 낙찰자가 임차인의 보증금은 전액 인수해야 한다. 그럼에도 낙찰자가 잔금납부를 했으니, 이 사건은 결국 다시 경매로 진행되고 만다.

우선변제권 행사는 1회뿐이다

주택임대차보호법상의 대항력과 우선변제권의 두 가지 권리를 함께 가지고 있는 임차인이 우선변제권을 선택하여 제1 경매 절차에서 보증금 전액에 대하여 배당요구를 하였으나 보증금 전액을 배당받을 수 없었던 때에는 경락인에게 대항하여 이를 반환받을 때까지 임대차관계의 존속을 주장할 수 있을 뿐이고, 임차인의 우선변제권은 경락으로 인하여 소멸하는 것이므로 제2경매 절차에서 우선변제권에 의한 배당을 받을 수 없는바, 이는 근저당권자가 신청한 1차 임의 경매 절차에서 확정일자 있는 임대차계약서를 첨부하거나 임차권등기명령을 받아 임차권등기를 하였음을 근거로 하여 배당요구를 하는 방법으로 우선변제권을 행사한 것이 아니라, 임대인을 상대로 보증금반환청구 소송을 제기하여 승소판결을 받은 뒤 그 확정판결에 기하여 1차로 강제 경매를 신청한 경우에도 마찬가지다(대법원 2005다21166 판결).

다시 경매에 등장한 아파트

소재지	경상남도 거제시 상동동 50 외 2필지, 덕산3차베스트타운						
새 주 소	경상남도 거제시 상동1길 15-9, 덕산3차베스트타운						
물건종별	아파트	감 정 가	115,000,000원	오늘조회: 9 2주누적: 211 2주평균: 15			
				구분	입찰기일	최저매각가격	결과
대 지 권	56.018㎡(16.946평)	최 저 가	(41%) 47,104,000원		2019-10-01	115,000,000원	변경
건물면적	59.514㎡(18.003평)	보 증 금	(10%) 4,720,000원	1차	2019-11-05	115,000,000원	유찰
매각물건	토지 건물 일괄매각	소 유 자	최재■	2차	2019-12-03	92,000,000원	유찰
				3차	2020-01-14	73,600,000원	유찰
개시결정	2018-09-10	채 무 자	최재■	4차	2020-02-11	58,880,000원	유찰
					2020-03-10	47,104,000원	변경
사 건 명	임의경매	채 권 자	거제새마을금고	5차	2020-04-14	47,104,000원	

해당 아파트가 연속 세 번째 경매에 등장했다.

No	접수	권리종류	권리자	채권금액	비고	소멸여부
1(을6)	2016.01.21	주택임차권(전부)	이연■	120,000,000원	전입:2011.12.26 확정:2011.12.26	인수
2(갑14)	2016.11.04	소유권이전(매각)	최재■		강제경매로인한 매각 2016타경■	
3(을8)	2016.11.04	근저당	거제새마을금고	117,000,000원	말소기준등기	소멸
4(갑16)	2016.12.26	가처분	이연■		주택임차권,창원지방법원통영지원 2016카단■	소멸
5(갑17)	2018.09.11	임의경매	거제새마을금고	청구금액: 96,274,160원	2018타경■	소멸

해당 아파트 등기부

Part 2 선순위 임차인 편 : 큰 수익을 안겨주는 가장 임차인

예상한 바와 같이 해당 아파트가 연속 세 번째 경매에 등장했다. 전 낙찰자는 9,600만 원이 넘는 경락잔금대출을 받았고, 이자를 변제하지 못하자 은행이 경매를 신청한 사건이다. 낙찰자가 임차인의 보증금 1억 2,000만 원을 인수해야 하므로 아파트 가격이 크게 오르거나 누군가 실수로 입찰하지 않는 이상 낙찰이 쉽지 않을 것으로 보인다. 결국 임차인은 보증금을 회수하지 못한 채 긴 시간을 보내야 할 것이다. 은행도 대출된 거액을 회수할 수 없다. 이로써 일반 채권으로 청구하면서 채무자의 신용 하락은 불가피하다.

경매인으로서 대출을 위해 은행권의 신용도를 유지해야 함을 감안할 때, 이와 같이 한 번의 낙찰 실수로 돌이킬 수 없는 피해를 입을 수 있다. 경매 한 번 하고 말 것 아니므로, 섣부른 입찰 전에 공부부터 하기 바란다.

수익이 큰 물건일수록 여러 가지 함정이 도사리고 있을 수 있으므로 주변에 의논할 경매 스승이 있어야 한다. 그것이 이 세계에서 오래 살아남을 수 있는 방법임을 강조하고 싶다.

Part 3

유치권 편 :
경매의 함정, 유치권 정복으로 고수익 내는 법

초보자도
쉽게 배우는 유치권

한눈에 파악하는 유치권

유치권이란 타인의 부동산을 점유한 자가 그 부동산에 관해 생긴 채권의 변제를 받을 때까지 그 부동산을 유치할 수 있는 권리를 말한다. 유치권은 법정담보물권으로 당사자 사이의 계약에 의해 성립하는 게 아닌 일정한 요건을 갖추면 법률 규정에 의해 당연히 성립한다. 유치권은 저당권, 질권과 다르게 우선변제권이 있는 것이 아니라서 법적으로는 변제순위에서 밀린다. 그러나 유치권의 강점 중 하나는 유치한 물건의 소유자가 바뀌어도(다시 말하면, 소유자가 누구든 간에) 유치권을 행사할 수 있다는 점이다. 게다가 자신의 채권을 만족하기 전까지 유치권을 행사해도 무방하므로 사실상 우선변제권이 있다고 할 수 있다.

소유자가 바뀌어도 유치권을 행사할 수 있다.

유치권 성립 필수 요건

민법 제320조(유치권의 내용)

① 타인의 물건 또는 유가증권을 점유한 자는 그 물건이나 유가증권에 관하여 생긴 채권이 변제기에 있는 경우에는 변제를 받을 때까지 그 물건 또는 유가증권을 유치할 권리가 있다.

② 전항의 규정은 그 점유가 불법행위로 인한 경우에 적용하지 아니한다.

이를 알기 쉽게 정리하면, 유치권 5가지 성립요건은 다음과 같다.

1. 타인의 부동산일 것(본인 물건 안 됨)
2. 반드시 경매개시결정 전 점유하고 있을 것
3. 견련관계 있을 것(경매 나온 부동산의 공사대금일 것)
4. 변제기가 지났을 것
5. 유치권 배제특약이 없을 것

이처럼 유치권은 법에 정해진 5가지 요건을 만족해야 성립한다. 간혹 일부 사람들은 "채권(돈)을 변제받지 못했으니 유치권을 행사할 수 있는 것 아니냐", "타인의 부동산을 내가 유치(점유)하고 있으니 성립하는 것 아니냐"라고 하는데, 법에 규정된 요건을 모두 만족해야 성립하는 것이지 그중 일부만 만족했을 때는 유치권이 성립하지 않는다. 다시 말하면 입찰자는 유치권자의 허점이 무엇인지, 반대로 유치권자는 본인이 모든 요건을 갖추고 있는지 살펴야 한다. 그렇지 않으면 유치권존부소송을 통해 어느 일방이 큰 손해를 볼 수 있기 때문이다.

다음 페이지에서 유치권의 5가지 요소에 대해 구체적으로 서술했으니, 이를 잘 활용해 유치권을 정확히 파악하는 데 도움이 되길 바란다. 유치권을 두려워 말고 여러분의 자산을 증식할 기회가 되길 바라며, 더불어 정확한 유치권 공부를 통해 예상치 못한 유치권 인수로 자산이 소멸되는 일도 막을 수 있길 희망한다.

유치권 관련 조문(민법)

제321조(유치권의 불가분성) 유치권자는 채권전부의 변제를 받을 때까지 유치물전부에 대하여 그 권리를 행사할 수 있다.

제322조(경매, 간이변제충당) ①유치권자는 채권의 변제를 받기 위하여 유치물을 경매할 수 있다.
②정당한 이유있는 때에는 유치권자는 감정인의 평가에

의하여 유치물로 직접 변제에 충당할 것을 법원에 청구할 수 있다. 이 경우에는 유치권자는 미리 채무자에게 통지하여야 한다.

제323조(과실수취권) ①유치권자는 유치물의 과실을 수취하여 다른 채권보다 먼저 그 채권의 변제에 충당할 수 있다. 그러나 과실이 금전이 아닌 때에는 경매하여야 한다.
②과실은 먼저 채권의 이자에 충당하고 그 잉여가 있으면 원본에 충당한다.

제324조(유치권자의 선관의무) ①유치권자는 선량한 관리자의 주의로 유치물을 점유하여야 한다.
②유치권자는 채무자의 승낙없이 유치물의 사용, 대여 또는 담보제공을 하지 못한다. 그러나 유치물의 보존에 필요한 사용은 그러하지 아니하다.
③유치권자가 전2항의 규정에 위반한 때에는 채무자는 유치권의 소멸을 청구할 수 있다.

제325조(유치권자의 상환청구권) ①유치권자가 유치물에 관하여 필요비를 지출한 때에는 소유자에게 그 상환을 청구할 수 있다.
②유치권자가 유치물에 관하여 유익비를 지출한 때에는 그 가액의 증가가 현존한 경우에 한하여 소유자의 선택에 좆아 그 지출한 금액이나 증가액의 상환을 청구할 수 있다. 그러나 법원은 소유자의 청구에 의하여 상당한 상환기간을 허여할 수 있다.

제326조(피담보채권의 소멸시효) 유치권의 행사는 채권의 소

멸시효의 진행에 영향을 미치지 아니한다.

제327조(타담보제공과 유치권소멸) 채무자는 상당한 담보를 제공하고 유치권의 소멸을 청구할 수 있다.

제328조(점유상실과 유치권소멸) 유치권은 점유의 상실로 인하여 소멸한다.

타인의 부동산이어야 한다

'유치권 행사 중' 현수막이 걸린 모습

거리를 지나다 어느 건물에 '유치권 행사 중'이라고 적힌 현수막을 본 적이 있을 것이다. 이런 경우는 대개 공사대금 관련 문제로 채무가 오랫동안 변제되지 않아 그 건물에 대해 유치권을 행사하게 되는 경우가 많다.

민법 제320조에서 보듯 유치권은 '타인 소유의 물건 및 유가증권'에 행사할 수 있는데, 이는 자신의 소유가 아닌 것을 의미한다. 즉, 채무자 소유의 물건이 아닌 제3자의 물건이라도 유치권 행사가 가능하다는 의미다. 그리고 유치권의 대상은 건물 등 부동산뿐 아니라 자동차, 기계 등의 동산도 포함된다. 자기 소유 부동산에는 유치권이 성립되지 않으므로 신축 중인 건축물의 소유권이 수급인에게 있는 경우 수급인인 공사업자가 자기소유 건축물에 대해 유치권을 주장하는 것은 인정되지 않는다.

> 유치권은 타물권인 점에 비추어 볼 때 수급인의 재료와 노력으로 건축되었고 독립한 건물에 해당되는 기성부분은 수급인의 소유라 할 것이므로 수급인은 공사대금을 지급받을 때까지 이에 대하여 유치권을 가질 수 없다(대법원 91다14116판결).

또한 유치권의 목적물은 독립한 물건이어야 하므로 건물의 신축공사를 도급받은 수급인이 사회통념상 독립한 건물이라고 볼 수 없는 정착물을 토지에 설치한 상태에서 공사가 중단된 경우, 위 정착물은 토지의 부합물에 불과해 유치권을 행사할 수 없다.

> 건물의 신축공사를 도급받은 수급인이 사회통념상 독립한 건물이라고 볼 수 없는 정착물을 토지에 설치한 상태에서 공사가 중단된 경우에 위 정착물은 토지의 부합물에 불과하여 이러한 정착물에 대하여 유치권을 행사할 수 없는 것이고, 또한 공사 중단 시까지 발생한 공사금 채권은 토지에 관하여 생긴 것이 아니므로 위 공사금 채권에 기하여 토지에 대하여 유치권을 행사할 수도 없는 것이다(대법원 2007마98 판결).

반드시 경매개시결정 전 점유는 필수!

유치권을 한자로 보면 留(머무를 '유'), 置(둘 '치'), 權(권리 '권')을 사용한다. 즉, 머물러 두면서 권리를 행사한다는 의미로, 유치권은 해당 물건을 점유해야 한다. 이런 이유로 유치권 행사 중인 건물에 들어가려고 하면 문이 잠겨 들어갈 수 없었을 것이다. 유치권자는 점유를 하면서 유치권을 행사하고 있다는 것을 알려야 하는데, 현실적으로 유치권을 행사하는 건물에 들어앉아 있는 것은 불가능하므로 유치권 행사 표시를 해 두고 최소한의 관리인원만 배치하고(그럴 형편조차 되지 않는 경우도 많다) 문을 잠가 두는 것이다. 이미 완공된 건물이어도 일부 층에만 유치권이 걸려 있는 경우가 더러 있다. 채권자가 유치권을 행사하여 물건을 점유하면 채무자의 변제를 심리적으로 강제하는 효과가 있다. "이 물건은 내가 갖고 있을 테니 돌려받고 싶으면 빨리 빚을 갚으시오"란 뜻이다.

언제부터 점유했는지 중요

유치권자의 점유 시기는 변제를 받지 못한 때부터 해야 하는데, 현실적으로 언제부터 점유했는지 불분명할 수 있다. 실무에서는 판별이 되는 시기를 경매개시로 판단하는데 그 전부터 점유했는지, 후에 점유를 시작했는지 쉽게 알 수 있다. 바로 집행관의 '현황보고서'의 기록을 보고 말이다. 통상 경매개시결정 후 얼마 안 돼 집행관이 현장을 방문하는데 이때 유치권 점유 중인 표식을 발견했거나 유치권자임을 주장하는 점유자를 만났다면 이런 내용이 현황조사서에 기록된다. 하지만 집행관이 방문했을 때 아무런 표식도 없고, 점유자도 만나지 못했다면 현황보고서에는 유치권과 관련된 어떤 사항도 적혀 있지 않을 것이다.

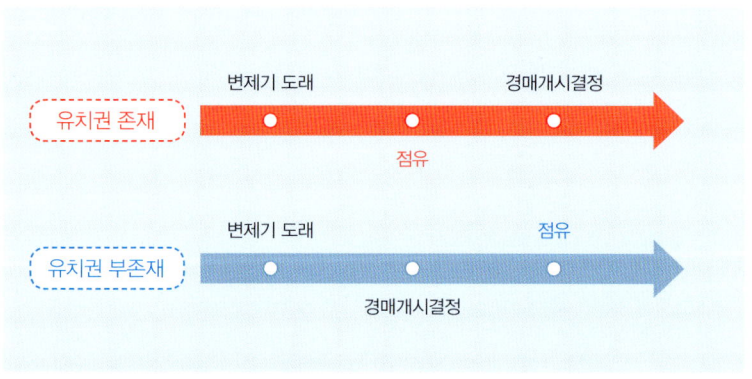

점유 시점에 따른 유치권 존부(반드시 경매개시결정 전부터 점유할 것)

실제 유치권이 있는 경매 부동산을 조사할 때 입찰자가 공사비 채권의 유무를 판단하긴 힘들다. 따라서 가장 빠르게 접근하는 방법으로 경매개시등기 전부터 점유했는지, 점유했더라도 점유기간 동안 공백이 있었는지를 조사하는 것이다. 점유가 중단될 경우 유치권은 소멸하기 때문이다. 참고로 점유는 반드시 본인이 할 필요는 없고, 제3자가 해당 목적물을 점유하고 유치권자가 제3자를 통해 간접 점유하는 것도 점유로 인정된다. 하지만 간접 점유자가 채무자라면 유치권은 인정되지 않는다.

무단으로 사용·수익하는 것은 불허

유치권은 어디까지나 목적물의 인도를 거절해서 채무자의 변제를 간접으로 강제하는 것이 목적이다. 따라서 인도 거절에 필요한 범위에서의 행사만이 허용될 뿐이다. 예를 들어 카센터에 자동차

수리를 맡긴 손님이 수리비를 내지 않았다면, 카센터 주인은 손님이 수리비를 낼 때까지 수리를 맡긴 차를 손님에게 돌려주지 않을 권리(=점유=유치)가 있다. 그러나 이 카센터 주인이 손님의 자동차를 타고 다닌다면, 이것은 인도 거절에 필요한 범위를 넘어선 것이기 때문에 허용될 수 없다. 이 경우 손님(소유자)은 유치권자가 소유자의 승낙을 얻지 않고 그 물건을 사용했으므로 유치권의 소멸을 청구할 수 있다.

부동산도 마찬가지다. 건물의 유치권자는 유치권 행사 기간 동안 점유만 하고 있어야지, 유치권을 행사하는 건물을 이용해서 원래 소유자의 허락 없이 마음대로 영업을 한다면 유치권의 올바른 행사라고 볼 수 없다. 다만, 유치권자는 유치물의 보관에 있어 선량한 관리자의 주의가 요구되기 때문에 보존에 필요한 사용에 대해서는 굳이 소유자의 승낙을 얻을 필요가 없다. 앞서 말한 카센터의 예를 들자면, 손님이 수리비를 낼 때까지 차고에 보관해 두기 위해 손님으로부터 유치한 자동차를 운전한 경우가 이에 해당할 수 있다. 또한 유치권자가 유치물을 보관하는데 들어간 통상의 비용(보관료 등)은 채무자에게 청구할 수 있다.

서로 관련이 있어야 인정된다

유치권에는 견련성(서로 관련이 있음을 뜻함)이 존재해, 발생한 채권과 유치권 대상 물건이 동일해야 한다. 예를 들어 자전거 수리를 해줬는데 수리비를 못 받은 상태에서 동일한 손님이 오토바이 수리를 맡겼고 이에 대한 대금을 지불했다면, 업주는 자전거 수리대금 미납을 이유로 자전거와 오토바이 둘 다 유치하진 못하고 자전거에 대해서만 유치할 수 있다. 이 문제는 채권자와 채무자 사이에 여러 건의 채권채무가 존재하는 상황에서 일부를 지급했을 때 '어떤 채권채무를 납부한 것인가?'란 다툼의 여지가 있기에 복잡하다. 채무자(변제자)가 채무를 지정해서 그 변제에 충당하는 '지정변제충당'이라면 큰 문제가 발생하지 않는다. 하지만 채무자(변제자)의 지정 없이 일부 채권이 상환된 경우엔 채권자가 어떤 돈을 먼저 갚은 것인지 지정할 권한이 있다.

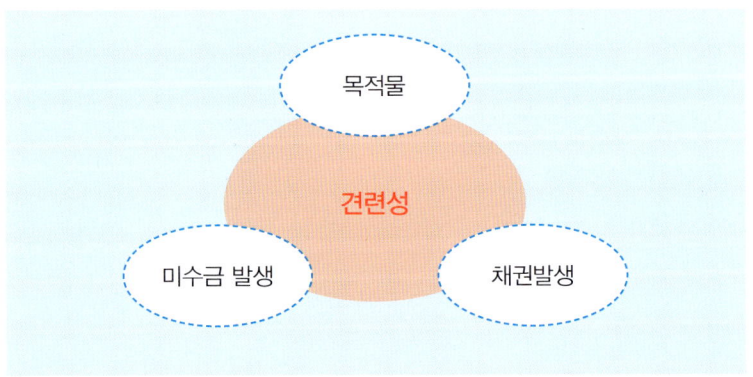

물론 채권자가 마음대로 하는 게 아닌 일정 순서가 있는데, 채권자는 자기가 받은 돈을 어떤 채무에 갚은 것으로 처리하겠다고 변제자에게 알려야 하고, 즉각적인 이의제기가 안 들어오면 채권자 뜻대로 확정된다. 그렇지 않고 채권자와 변제자 모두 애매한 상황이라면 민법상 기준에 따라 법정변제충당으로 순위를 가른다. 순서는 이행기가 도래한 채무가 1순위, 채무 전부의 이행기가 도래했거나 도래하지 않았을 때는 채무자에게 변제이익이 많은 채무가 2순위, 채무자에게 변제이익이 같으면 이행기가 먼저 도래한 채무 변제가 3순위다(민법제477조).

민법 제477조(법정변제충당)

당사자가 변제에 충당할 채무를 지정하지 아니한 때에는 다음 각 호의 규정에 의한다.

1. 채무 중에 이행기가 도래한 것과 도래하지 아니한 것이 있으면 이행기가 도래한 채무의 변제에 충당한다.
2. 채무전부의 이행기가 도래하였거나 도래하지 아니한 때에는 채무자에게 변제이익이 많은 채무의 변제에 충당한다.
3. 채무자에게 변제이익이 같으면 이행기가 먼저 도래한 채무나 먼저 도래할 채무의 변제에 충당한다.
4. 전2호의 사항이 같은 때에는 그 채무액에 비례하여 각 채무의 변제에 충당한다.

변제기간이 도래해야 인정된다

유치권은 채권의 변제기가 도래했음에도 변제를 받지 못하면 점유를 함으로써 주장하는 권리다. 따라서 정당한 유치권이 성립되려면 채권의 변제기가 경매개시등기 전부터 도래해야 하며 이로 인해 점유의 시기 또한 경매개시등기 전부터야 한다. 경매개시등기 이후의 변제기 및 점유가 인정되지 않는 이유는 경매개시등기로 인해 해당 부동산이 압류의 처분금지 효력을 받기 때문이다.

경매개시결정 이후 취득한 유치권은 매수인에게 대항할 수 없다

유치권은 목적물에 관해 생긴 채권이 변제기에 있는 경우에 비로소 성립하고, 한편 채무자 소유의 부동산에 경매개시결정의 기입등기가 마쳐져 압류의 효력이 발생한 후에 유치권을 취득한 경우에는 그로써 부동산에 관한 경매절차의 매수인에게 대항할 수 없는데, 채무자 소유의 건물에 관하여 증·개축 등 공사를 도급받은 수급인이 경매개시결정의 기입등기가 마쳐지기 전에 채무자에게서 건물의 점유를 이전받았다 하더라도 경매개시결정의 기입등기가 마쳐져 압류의 효력이 발생한 후에 공사를 완공하여 공사대금채권을 취득함으로써 그때 비로소 유치권이 성립한 경우에는, 수급인은 유치권을 내세워 경매 절차의 매수인에게 대항할 수 없다(대법원 2011다55214 판례).

공사대금채권은 3년의 소멸시효

유치권에서 가장 많은 비중을 차지하고 있는 금전이 공사대금채권이다. 이 금전을 받기 위해 유치권을 행사하며 점유를 지속해오기는 했지만, 막상 공사대금채권이 시효로 소멸한다는 생각은 하지 못하는 경우가 종종 있다. 공사대금에 기해 유치권을 행사한다고 하더라도 공사대금채권의 시효는 계속 진행될 수밖에 없어(민법 제326조), 유치권 행사만으로는 공사대금채권의 시효진행을 중단시킬 수 없다는 것을 잘 알지 못한 이유다. 이런 이유로 공사대금채권이 3년의 단기소멸시효 도과로 인해 피담보채권이 없어져 유치권이 인정되지 못하는 경우가 종종 발생한다.

> 유치권의 행사는 피담보채권의 시효 진행에 영향을 주지 않는다고 할 것이고, 이 공사대금채권은 민법 제163조 제3호의 3년의 단기소멸시효의 대상이 되는 채권이라고 할 것인바, 피고는 이 사건 건물에 대한 골조 공사가 중단되고 기성 공사대금채권의 액수가 확정된 1998년 5월경부터는 위 공사대금채권을 행사할 수 있었다고 할 것이므로 이로부터 현재까지 3년이 경과하였음은 역수상 명백하여 이 공사대금채권은 시효가 완성되어 소멸하였다고 할 것이다(서울고등법원 2005나13129판결).

다만, 시효 중단 사유인 청구, 압류, 가압류, 채무 승인이 있는 경우 소멸시효는 중단되며, 확정판결 등으로 유치권의 피담보채권의 소멸시효기간이 10년으로 연장되는 경우가 있으므로 단지 3년이 기간이 도과했다고 무조건 유치권이 소멸했다고 판단해서는 안 되고, 면밀한 조사를 덧붙여야 한다.

유치권의 피담보채권의 소멸시효기간이 확정판결 등에 의하여 10년으로 연장된 경우 매수인은 그 채권의 소멸시효기간이 연장된 효과를 부정하고 종전의 단기소멸시효기간을 원용할 수는 없다(대법원 2009다39530 판결).

민법 제326조(피담보채권의 소멸시효) : 유치권의 행사는 채권의 소멸시효의 진행에 영향을 미치지 아니한다.

민법 제163조(3년의 단기소멸시효) : 도급받은 자, 기사 기타 공사의 설계 또는 감독에 종사하는 자의 공사에 관한 채권은 3년간 행사하지 아니하면 소멸시효가 완성한다.

민법 제168조(소멸시효의 중단사유) : 소멸시효는 다음 각 호의 사유로 인하여 중단된다.
1. 청구
2. 압류 또는 가압류, 가처분
3. 승인

배제 특약이 없어야 한다

현장에선 공사도급 계약에 따라 공사를 한 수급인이 신축된 건물에 유치권을 행사하는 경우가 많은데, 그러한 경우 건물 부지를 담보로 공사도급인에게 대출을 해준 채권자(은행 등) 사이에 유치권을 둘러싸고 이해관계가 충돌하게 된다. 유치권이 성립된다면 그 금액만큼 저감된 금액으로 낙찰될 것이므로 채권자는 경매로 대출금을 회수하는 데 많은 지장을 받게 된다. 따라서 채권자가 건축공사예정인 부지를 담보로 대출해 주는 경우, 대출을 받는 공사도급인뿐만 아니라 시공자인 공사수급인도 참여시켜 공사수급인이 신축되는 건물에 대해서 유치권 행사를 하지 않기로 하는 내용의 유치권 배제 특약을 하도록 하는 경우가 있다.

이 같은 유치권 배제 특약의 효력 범위는 어떨까? 판례에 의하면, 제한물권은 이해관계인의 이익을 부당하게 침해하지 않는 한 자유로이 포기할 수 있는 것이 원칙이므로, 당사자는 미리 유치권의 발생을 막는 특약을 할 수 있고 이러한 특약은 유효하다고 보고 있다. 또한 유치권 배제 특약이 성립된 이후 공사도급인의 지위가 제3자에게 승계된 경우 이러한 특약의 효력을 그 제3자도 주장할 수 있다고 보고 있다.

유치권 배제 특약은 제3자에게도 유효하다

제한물권은 이해관계인의 이익을 부당하게 침해하지 않는 한 자유로이 포기할 수 있는 것이 원칙이다. 유치권은 채권자의 이익을 보호하기 위한 법정담보물권으로서, 당사자는 미리 유치권의 발생을 막는 특약을 할 수 있고 이러한 특약은 유효하다. 유치권 배제 특약이 있는 경우 다른 법정요건이 모두 충족되더라도 유치권은 발생하지 않는데, 특약에 따른 효력은 특약의 상대방뿐 아니라 그 밖의 사람도 주장할 수 있다(대법원 2016다234043 판결).

참고로 상가 임대차에서도 배제 특약을 적용할 수 있다. 영업을 위한 인테리어 등은 개인의 이익을 위한 것이므로 상가 임대차 계약 시 통상 '임차인은 해당 부동산을 원상 복구해 임대인에게 인도한다'는 계약 문구가 명시되는데, 이런 배제 특약 항목이 있어 임차인은 유치권을 주장할 수 없다.

원상회복 조건이 적혀 있는 상가임대차계약서(예시)

 **Plus Tip**

한눈에 살피는 유치권 불성립 사례

1. 경매개시결정의 기입등기가 마쳐져 압류의 효력이 발생한 후에 유치권자가 점유하는 경우, 목적물의 교환가치를 감소시킬 우려가 있는 처분행위에 해당해 압류의 처분금지효에 저촉된다. 따라서 점유자는 경매낙찰자에게 유치권을 주장할 수 없다.

2. 임차인의 시설비, 인테리어 비용은 유치권이 성립하지 않는다.

3. 유치권자가 임대차계약 체결 후 점유한 경우, 임차권이 발생해 그 유치권이 상실된다.

4. 소유자의 채무과다 상태에서 공사 후 유치권 행사하는 경우는 선의의 제3자인 채권자에게 피해를 줄 수 있는 신의칙에 위배하므로 유치권이 성립하지 않는다.

5. 보증금반환청구, 권리금 반환청구에 관련된 유치권은 건물에 관한 채권이 아니므로 성립하지 않는다.

6. 원상회복특약이 임대차계약서에 있는 경우는 필요비, 유익비의 포기약정으로 보아 유치권이 성립하지 않는다.

7. 유치권자는 채무자의 승낙 없이 목적물을 타인에게 임대할 수 있는 권한이 없으므로, 소유자의 동의 없이 유치권자로부터 경매 물건을 임차한 자의 점유는 경락인에게 대항할 수 있는 권원에 의한 것이라고 볼 수 없으므로 유치권이 성립하지 않는다.

8. 채무자를 직접점유자로 하여 채권자가 간접점유를 하는 경우에는 유치권이 성립하지 않는다.

섣불리 가짜라고 판단하지 말자

낙찰받은 건물이 다시 경매 나온 사연

인천 남동구에 위치한 건물이 경매에 등장했다. 약 23억 원의 감정가에서 유찰을 거듭해 18억 7,000만 원에 낙찰되었다.

경매 사건 내역 및 해당 건물 모습

등기부 권리는 근저당권 이하 모두 소멸된다. 해당 건물의 지하부터 지상 3층까지 모두 20명의 임차인이 거주 중인데 모두 후순위 임차인이라 큰 문제가 없다. 임차인 보증금의 합은 약 4억 원이며, 월세 합계는 640만 원이다. 이에 따라 문제가 없다고 판단한 입찰자인 듯하다. 하지만 이 물건에 큰 하자가 있었으니 바로 유치권 신고다.

No	접수	권리종류	권리자	채권금액	비고	소멸여부
1	2008.07.28	소유권 이전(매매)	박기■			
2	2008.07.28	근저당	한국자산관리공사 (인천지사)	2,244,807,360원	말소기준등기 양도전 우리은행, 일본국법화165,60 0,000엔	소멸
3	2010.08.30	근저당	농업회사법인유한회사 금강엘에프	180,000,000원		소멸
4	2010.08.31	근저당	엄용■	260,000,000원		소멸
5	2010.08.31	근저당	변진■	100,000,000원		소멸
6	2010.08.31	근저당	박철■	75,000,000원		소멸
7	2010.10.19	임의경매	한국자산관리공사	청구금액: 1,896,894,153원	2010타경■	소멸
8	2010.10.26	압류	인천광역시남동구		세무1과-21767	소멸

해당 건물 등기부 내역(토지도 동일한 내역임)

이 물건에는 ○○건설로부터 2010년 11월 9일 약 6억 5,000만 원, 2011년 4월 5일 약 9,300만 원의 유치권 신고가 접수돼 있었다. 건물의 4~6층을 증축하면서 발생한 공사비대금 채권으로 현장에서는 4~6층의 각 세대를 잠금장치 한 후 '유치권 행사 중' 안내문을 붙여놨다. 안내문에는 이름과 전화번호까지 표기돼 있다. 그렇다면 과연 이 유치권은 진짜일까, 가짜일까?

▶ **유치권 행사 안내** ◀

본 건물 (인천광역시 남동구 구월동 ☐번지 ☐빌딩 증축부분인 4,5,6층 미입주세대)은 ☐건설주식회사에서 **유치권행사**를 하여 실질적으로 점유, 관리 중에 있음을 공고합니다. 이에 유치권자 허락없이 **무단출입**과 **훼손**을 금지하며 만약 이를 어기게 될 경우 **민·형사상 불이익**을 당할 수 있으니 유의하시기 바랍니다. 문의사항은 아래로 연락주시기 바랍니다.

2010. 8. 23.
☐건설주식회사 대표이사
(연락처 : 032-815-☐☐☐, 011-302-☐☐☐)

현장에 적혀 있던 유치권 행사 안내 문구

건물관계자가 아닌 이상 공사비 채권의 진위 여부를 알긴 어렵다. 따라서 제3자인 입찰자가 접근하는 방식은 점유가 경매개시결정 전부터 이뤄졌는지 여부와 법원에 유치권 신고를 언제 했는지 여부다. 자, 상식적으로 생각해보자. 여러분이 유치권자라면 이해관계자들에게 배당 요구하라는 통지가 왔을 때 서둘러 신고하지 않을까? 굳이 배당요구종기일까지 기다렸다가 채권신고를 할 이유가 없지 않은가? 따라서 필자는 유치권의 진위여부를 판단할 때 우선 유치권신고서가 언제 접수됐는지를 유심히 본다. 배당요구종기일로부터 한참 이전에 신청한 유치권일수록 진짜일 가능성이 매우 높다는 판단 하에 가짜일 가능성을 조사한다. 하지만 배당요구종기일 이후에 신고한 유치권 신고는 가짜일 가능성이 높다는 판단 하에 진짜일 가능성을 조사한다. 즉 진짜일지, 가짜일지 먼저 선을 그어 놓고 반대 증거를 찾는 방식이다.

2010.11.08	임차인 이광■	권리신고및배당요구신청 제출
2010.11.08	임차인 오명■	권리신고및배당요구신청 제출
2010.11.09	유치권자	.건설 주식회사 유치권신고 제출
2010.11.09	임차인 원해■	권리신고및배당요구신청 제출
2010.11.09	임차인 김준■	권리신고및배당요구신청 제출
2010.11.10	임차인 박찬■	권리신고및배당요구신청 제출

법원 문건접수 내역 중 일부

빠른 유치권 신고 물건은 신중해야 한다

조사해보니 해당 건물은 4~6층을 증축한 건물로, 건설사가 경매개시등기 전부터 잠금장치를 한 후 유치권 행사를 하고 있는 게 맞았다. 그렇다면 유치권 신고서를 제출한 시기를 가늠할 차례다. 해당 사건의 경매개시일은 2010년 10월 2일이며, 배당요구종기일은 2011년 4월 15일이었다. 유치권자는 경매개시된 지 얼마 지나지 않은 2010년 11월 9일에 유치권 신고서를 제출한 점을 보아 진짜일 가능성이 높아진다. 바로 이 대목이 물건의 입찰을 신중해야 하는 점이다.

먼저 진짜 유치권이라면 해당 금액을 변제해야 부동산을 사용·수익할 수 있다. 변제할 때까지 당시 연 20% 법정이율[(1981년)25%→(2003년)20%→(2015년)15%→(2019년 6월)12%변경]도 부담해야 한다. 만약 가짜 유치권이라 해도 순순히 점유를 이전해 줄까? 명도소송은 예정된 수순이다. 낙찰자가 1심에서 승소해도 상대방이 항소를 하면 대법원까지 최장 3년 이상 소요될 수 있다. 그 사이 부동산은 사용하지도 못한 채 하염없는 소송에 지쳐갈 수 있다. 소송취하를 위해선 두둑한 합의금을 줘야 가능할 것이므로 점유 부분이 큰 유치권은 가짜라 판단되더라도 쉽게 접근해서는 안 되는 것이다.

다시 경매에 등장한 해당 건물

소재지	인천광역시 남동구 구월동			
물건종별	근린시설	감정가	3,000,713,870원	
토지면적	515.1㎡(155.818평)	최저가	(70%) 2,100,500,000원	
건물면적	1168.53㎡(353.48평)	보증금	(10%) 210,050,000원	
매각물건	토지·건물 일괄매각	소유자	이미○ 외 2명	
개시결정	2014-05-29	채무자	최숙○	
사건명	임의경매	채권자	고창군수협	

구분	입찰기일	최저매각가격	결과
1차	2015-01-14	3,000,713,870원	유찰
2차	2015-02-23	2,100,500,000원	
낙찰 : 2,101,698,000원 (70.04%)			
(입찰1명, 낙찰:인천○○건설(주))			
매각결정기일 : 2015.03.02 - 매각허가결정			
대금지급기한 : 2015.03.31			
대금납부 2015.03.31 / 배당기일 2015.04.30			
배당종결 2015.04.30			

법원 문건접수 내역 중 일부

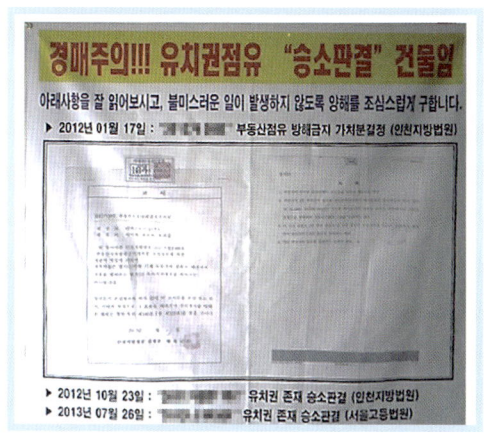

건물 내 유치권 승소판결 안내문을 붙여 놓았다

2011년 7월 14일 18억 7,000만 원에 낙찰됐던 건물이 4년 후 다시 경매에 등장했다. 낙찰자는 당시 총 15억 원 가량의 대출을 받았는데 유치권자와의 법정 소송에서 패소해 유치권이 인정되면서 부담이 가중됐다. 유치권자의 점유로 해당 건물을 사용하지 못하니 한 달에 1,000만 원이 넘는 이자는 심각한 타격으로 다가왔고 결국 변제하지 못한 이자로 인해 이에 다시 경매에 등장한 것이다. 경매가 진행되자 유치권자는 건물 내에 유치권소송에서 승소했음을 알리는 문서를 붙여놨고, 그 덕분(?)인지 해당 건물은 유치권자의 단독 낙찰로 마무리되었다.

이 사례는 시사하는 바가 크다. 유치권이 가짜인 경우도 많지만 진짜인 유치권을 막연히 가짜라고 접근하다간 이처럼 고통스러울 수 있다. 그러므로 가짜 유치권이라고 섣부른 오판을 하기 전에 채권의 견련성과 점유 시기 등을 정확히 따져 입찰 여부를 판단해야 한다. 경매, 아무리 열 번 잘해도 한 번 잘못하면 그동안 번 수익이 모두 날아갈 수 있다.

Plus Tip

유치권 신고서 작성하는 법

유치권 신고는 해당 물건의 법원 경매계에 방문해 접수하거나 우편을 통해 접수할 수 있다.

(예시) 유치권 권리 신고서

* 사건 번호 : 2020 타경 ○○○○
* 채권자 : 김○○
* 채무자 : 심○○
* 소유자 : 박○○
* 채권 금액 : 138,380,000 원

– 신고 내역 –

위 신고인은 ○○지방법원 본원 2020 타경 ○○○○ 부동산 임의경매 사건의 소유자 박○○에게 해당 물건에 대한 건물 증축 및 인테리어 비용을 아직까지 받지 못한 상황입니다. 그래서 신고인은 공사대금의 완납을 소유자에게 독촉하였으나 소유자 박○○은 차일피일 미루면서 공사대금을 미납하여 위 채권 금액을 받을 때까지 유치권을 행사하고자 하여 유치권자로서의 권리를 신고합니다.

2020 년 5월 7일
신고인 : ○○건설 홍○○ (인)
연락처: 032-000-0000
인천시 서구 연희동 ○○번지 ○○호

○○지방법원 본원 경매 ○계 귀중

분양대금 미납으로 인한 유치권

요즘 젊은 사람들과 얘기를 나누다보면 유치권을 쉽게 접근하는 것 같다. 특히 아파트에 설정된 유치권은 가짜라고 미리 단정 짓는 경우가 많다. 하지만 이런 접근법은 위험하다. 아파트에 설정된 유치권이 진짜인 경우도 있기 때문이다. 이 물건은 응암제8구역주택재개발조합으로부터 조사된 소유자의 분양금 미납금으로 인한 유치권이 신고된 물건이다.

유치권이 신고된 아파트 낙찰 결과

해당 아파트는 비어 있는 상태로 점유자가 없는 상태다. 따라서 인수하는 권리가 없다는 생각이 들 수도 있다. 입찰자도 같은 생각이었는지 감정가 3억 6,300만 원의 아파트가 2억 5,300만 원에 낙찰되었고, 말소기준등기는 2015년 12월 9일 근저당권으로 등기부상 모든 권리는 소멸한다.

No	접수	권리종류	권리자	채권금액	비고	소멸여부
1(갑1)	2015.12.09	소유권보존	양석■			
2(을1)	2015.12.09	근저당	모아상호저축은행	104,000,000원	말소기준등기	소멸
3(을2)	2015.12.09	근저당	우리은행	27,120,000원		소멸
4(을3)	2015.12.09	근저당	현대건설(주)	14,600,000원		소멸
5(갑2)	2015.12.09	가압류	응암제8구역주택재개발정비사업조합	258,882,340원	2012카합■	소멸
6(갑3)	2015.12.09	압류	서울특별시은평구			소멸
7(갑4)	2015.12.09	임의경매	우리은행 (여신관리부)	청구금액: 27,120,000원	2014타경■	소멸
8(갑5)	2015.12.09	압류	국민건강보험공단			소멸
9(갑6)	2015.12.09	가압류	박경■ 외 5명	240,387,175원	2015카합■	소멸
10(갑7)	2016.02.23	가압류	백련산힐스테이트2차 입주자대표회의	4,326,310원	2016카단■	소멸

등기부 현황

하지만 등기부를 자세히 보면 응암8구역주택재개발정비사업조합으로부터 2억 5,800만 원이 넘는 가압류가 있고, 매각물건명세서 〈비고〉란에는 다음과 같은 사항이 적혀 있었다.

> 감정평가서 기재에 의하면 응암제8구역주택재개발조합으로부터 조사된 소유자의 분양금 내역과 미납금 현황(다른 미납금과 연체금이 추가로 발생할 여지 있음),
> (1) 총 분양가 : 277,845,000원,
> (2) 지분인정금액 : 59,253,860원
> (3) 추가분담금 : 218,591,140원

⑷ 2014.10.23. 현재 미납금 : 분양금 미납금과 연체료 182,676,730원, 조합운영비 미납금 12,300,000원
⑸ 비례율 변동에 따른 추가 분담금 : 2,370,575원으로 조사되었으나 기준 시점 이후로 변동 및 추가 비용발생이 예상되므로 조합원 지위의 승계 여부 및 매수인이 실제 추가로 부담해야 할 분담금의 자세한 내역은 '응암제8구역 주택재개발정비사업조합(02-309-0000)에 반드시 확인 후 입찰에 응하시기 바랍니다. 유치권신고인 현대건설 주식회사로부터 이 사건 아파트를 시공한 시공사로 공사대금에 의한 유치권 신고서가 2015.3.20.자로 접수되었고, 현대건설 주식회사가 2016.2.18.자 유치권청구금액은 공사대금 207,957,090원이라는 보정서가 제출되었으나 유치권 성립여부는 불분명함.

    결과적으로 가압류된 2억 5,800만 원은 분양대금 미납금이다. 이렇게 분양대금미납이 발생했을 때 건설사(재건축조합 등)가 취할 수 있는 방향은 두 가지다.

    첫째, 동시이행항변권을 인용해 분양대금이 완납될 때까지 대지권등기를 넘기지 않는 것이다. 이때 주장하는 금액은 채권으로 원칙적으론 수분양자(분양받은 사람)에게만 주장할 수 있다. 따라서 낙찰자가 미분양 대금을 완납하지 않아도 해당 아파트를 사용·수익할 수 있다(대지권등기만 없을 뿐이다). 하지만 현실적으로 미분양대금이

해결되지 않는 이상 낙찰자도 대지권등기를 이전받을 수 없으므로 낙찰자가 변제하는 경우도 많다.

둘째, 해당 주택이 비어 있는 경우 건설사가 유치권을 행사한다. 유치권은 물권이며 소유자 변동 유무와 상관없이 해당 물건을 유치하는 권리이므로 낙찰자에게 대항할 수 있다. 따라서 해당 금액을 변제해야 점유를 이전받을 수 있다. 유치권은 원금뿐만 아니라 지연이자까지 변제해야 하므로 부담 금액이 더욱 늘어날 수 있다. 또한 빈 집으로 몇 년씩 세월이 흐르는 경우도 많아 수백만 원에 달하는 체납관리비 문제도 해결해야 한다.

경매 나온 해당 아파트를 보면, 분양대금 미납에 의한 건설사의 유치권 신고가 접수돼 있어 낙찰자는 해당 금액을 모두 변제해야 점유를 되찾을 것으로 보인다. 2억 5,300만 원의 낙찰가에 2억 5,000만 원이 넘는 금액까지 변제해야 하니 감정가 3억 6,000만 원인 아파트를 5억 원이 넘는 가격에 낙찰받는 형태다. 따라서 아파트 유치권을 무시하지 말자. 분양대금 미납에 의한 유치권을 모르고 낙찰받는다면 한 방에 훅 갈 수 있기에 진짜, 가짜 판별을 위한 능력을 키워 자신의 자산을 지켜야 한다.

인테리어 대금 미납으로 인한 유치권

유치권 신고가 있는 물건은 자칫 진성 유치권자인 경우 낙찰자가 인수할 수 있어 입찰에 주의를 기울일 수밖에 없다. 따라서 입찰자는 최악의 경우 유치권자의 대금을 인수해야 하는 경우까지 염두에 두고 입찰에 임하는 경우가 많다. 반면 이런 점을 이용해 공격적으로 유치권 신고를 하는 경우가 등장하기도 하는데, 주택의 인테리어 공사 대금을 받지 못했다는 유치권 신고가 접수되는 경우가 많다.

뜬금없이 나타난 유치권

소재지	인천광역시 남구 도화동			
새 주소	인천광역시 남구 경인로			
물건종별	다세대(빌라)	감 정 가	161,000,000원	
대 지 권	22.34㎡(6.758평)	최 저 가	(49%) 78,890,000원	
건물면적	65.71㎡(19.877평)	보 증 금	(20%) 15,780,000원	
매각물건	토지·건물 일괄매각	소 유 자	이진	
개시결정	2018-01-24	채 무 자	임동	
사 건 명	임의경매	채 권 자	근해안강망수협	

구분	입찰기일	최저매각가격	결과
1차	2018-10-26	161,000,000원	유찰
2차	2018-11-27	112,700,000원	유찰
3차	2019-01-02	78,890,000원	낙찰
	낙찰 115,101,000원(71.49%) / 6명 / 미납 (차순위금액:91,119,000원)		
4차	2019-03-14	78,890,000원	
	낙찰: 85,000,000원 (52.8%)		
	(입찰4명,낙찰:인천 권오 / 차순위금액 83,689,990원)		
	매각결정기일 : 2019.03.21 - 매각허가결정		
	대금지급기한 : 2019.04.23		
	대금납부 2019.04.16 / 배당기일 2019.05.21		
	배당종결 2019.05.21		

다세대주택 낙찰 결과

해당 경매 사건은 감정가 1억 6,100만 원의 다세대주택(빌라)이 2회 유찰된 상태에서 1억 1,500만 원에 낙찰되었다가 대금을 미납해 다시 경매 등장한 물건이다. 이후 재매각으로 낙찰되었는데, 기존 낙찰가보다 3,000여만 원 낮은 8,500만 원에 낙찰되었다. 그렇다면 기존 낙찰자는 왜 대금을 미납하면서까지 물건을 포기했을까? 원인을 찾기 위해 문건접수 내역을 살펴보자.

2019.01.03	최고가매수인 열람및복사신청 제출
2019.01.04	유치권자 서OOOOO 유치권신고서 제출
2019.01.07	최고가매수인 열람및복사신청 제출
2019.01.07	최고가매수인 매각불허가신청서 제출
2019.03.05	채권자 근OOOOOOOOOOO 열람및복사신청 제출
2019.03.12	채권자 근OOOOOOOOOOO 유치권 권리배제신청 제출

문건접수 내역

전 낙찰자는 1월 2일 낙찰받은 후 하루 뒤인 1월 3일 문서 열람을 했는데, 이때만 해도 특이사항이 없었다. 하지만 1월 4일 법원에 인테리어대금 미납을 원인으로 한 979만 원의 유치권 신고서가 접수되었다. 낙찰자는 1월 7일에 재열람하면서 이 사실을 알게 되어 매각불허가신청을 했는데, 불허가가 인정되지 않아 해당 사건은 재매각으로 등장하게 되었다.

해당 사건이 재매각으로 등장하자 채권자인 은행의 마음이 급해졌다. 은행의 청구금액은 약 1억 2,500만 원이었고, 경매 기간 동안 누적된 지연이자까지 계산하면 배당 시 청구금액은 더욱 높아질 것이다. 하지만 은행의 마음도 몰라준 채 최저입찰가는 감정가의 반 토막까지 떨어져 7,900여만 원에 머물러 있으니 어찌 채권 회수에 마음을 졸이지 않을 수 있겠는가! 따라서 은행은 서류를 열람복사하고 유치권 신고자에 대해 권리배제신청을 제출하게 된다. 또한 법원은 유치권 신고 내역을 매각물건명세서에 표기해 입찰자가 주의 입찰할 수 있도록 했다.

등기된 부동산에 관한 권리 또는 가처분으로 매각으로 그 효력이 소멸되지 아니하는 것
매각에 따라 설정된 것으로 보는 지상권의 개요
비고란
1.통칭 ▇▇▇▇▇ 임. 2.재매각매수보증금 20%임. 3.2019. 1. 4.자 박성▇▇으로부터 공사대금 금 9,790,000원의 유치권신고서가 제출되었으나, 그 성립 여부는 불분명함.

매각물건명세서 비고란에 '유치권 신고서가 제출되었으나 성립 여부 불분명'이 기재됨.

기회를 포착한 입찰자

3월 14일, 재매각 기일이 다가왔다. 신고된 유치권이 허위라고 판단해 좋은 수익을 낼 수 있는 기회라고 여긴 이는 입찰에 참여해서 8,500만 원에 낙찰을 받았다. 허위 유치권 신고에 대해 대응하기 위해 유치권자에 대한 법적 조치 등을 계고했을 것으로 보이는데, 문건접수 내역에 기록된 유치권취하동의서가 이를 증명한다.

2019.03.15	최고가매수인 열람및복사신청 제출
2019.04.04	최고가매수인 열람및복사신청 제출
2019.04.08	유치권자 박OO 유치권신고 취하서 제출
2019.04.16	최고가매수인 매각대금완납증명
2019.04.16	최고가매수인 부동산소유권이전등기촉탁신청서 제출

문건접수 내역

취하 서류가 접수된 것을 확인한 낙찰자는 잔금을 완납하며 기존 낙찰자보다 3,000만 원 더 저렴하게 물건을 취득할 수 있었다. 사실 허위 유치권이 발각되면 공무집행방해죄, 경매방해죄 등이 적용될 수 있는 사안이지만, 낙찰자 입장에서는 허위 유치권 신고 덕분에(?) 저렴한 가격에 낙찰받았으니 수익의 기회가 된 셈이다.

Plus Tip

유치권 포기 및 철회 신고서 양식

유치권 포기 신고서는 유치권에 대해 자신의 권리를 포기하고 양도한다는 내용으로 보통은 법적 구속력을 갖지 않지만, 법적인 효력을 갖게 하려면 공증을 하거나 입회인을 둬 각서를 작성하는 방법이 있다.

각서는 상대편에게 약속한 내용을 적어주는 문서이며, 합의서는 두 사람 이상이 모여서 서로 협의한 사항에 대한 내용을 적는 문서로 정확히 구분해야 한다. 신고서 접수는 법원 방문 또는 우편으로 진행할 수 있다.

유치권 포기 및 철회 신고서

* 사건 번호 : 2020 타경 ○○○○ 부동산 임의 경매
* 채권자 : 김○○
* 채무자 : 심○○
* 소유자 : 박○○

* 채권 금액 : 138,380,000 원

– 신고 내역 –
본인은 부동산 임의 경매사건 20○○타경 ○○○ 사건의 유치권 권리신고자로서 소유자와 원만한 합의로 인하여 위 사건과 관련된 유치권을 포기 및 철회하기로 각서하며, 이에 이 신고서를 제출합니다.

2020 년 5월 7일
각서인 : 홍○○ (인)
연락처: 010-0000-0000
인천시 서구 연희동 ○○번지 ○○호
○○지방법원 본원 경매 ○계 귀중

방어형 유치권 vs 공격형 유치권

유치권 신고 내역을 보면 인테리어 공사대금을 이유로 유치권 신고를 하는 경우가 많다. 이들은 대금을 받지 못했으니 유치권을 주장한다고 말하지만, 현실적으로 인테리어 공사를 시작할 때 계약금을 받고 진행하는 것이 대다수일 것이다. 따라서 대금을 받지 못했다는 주장은 허위일 가능성이 높다. 이는 해당 물건을 시세보다 저렴한 가격에 낙찰받기 위해 누군가 유치권으로 공격하는 것이다. 즉, '이 물건은 유치권 신고돼 있으니 입찰하지 마시오(=내가 입찰할 물건이요)'란 속셈이다.

법원에 신고된 유치권 중 진성 유치권은 가뭄에 콩나듯 드물다. 그 이유는 유치권 접수 방식 때문이다. 유치권자가 법원에 직접 방문해 유치권 신고를 할 수도 있지만 이는 극히 드물고, 대다수 유치권 신고가 우편접수를 통해 이뤄진다. 우편접수가 되면 집행관은 유치권이 신고됐다는 내용을 매각물건명세서에 기재한다(이런 이유로 유치권 신고를 법원 방문 접수로만 받는다면 대다수 허위 유치권은 사라질 것이라고 말하는 사람들도 있다). 어쨌든, 우편접수된 유치권이 모두 가짜라고 판단할 순 없지만 상당수 가짜 유치권이 많은 것이 사실이다.

유치권 신고 시기를 파악하자

진성 유치권자라면 자신의 땀과 노력이 있는 공사대금을 포기하지 않을 것이다. 이들은 경매개시결정 전부터 점유하고 있는 경우가 많고, 법원의 권리신고 요청에 적극적이다. 경매공고일을 기준으로, 진성 유치권자일수록 자신의 유치권을 지키기(방어하기)위해 일찍 유치권 신고를 하는데 이를 '방어형 유치권'이라 말한다.

반면 가짜 유치권자들은 미리 법원에 신고하는 걸 꺼린다. 이들은 입찰자 수를 떨어뜨려 저가에 낙찰받을 목적으로 접근하는 경우가 대다수이므로 입찰기일을 전후에 등장하는 경우가 많다. 이처럼 경매공고 이후부터 매각허가결정 사이에 신고된 유치권은 허위일 가능성인 높은 유치권으로 '공격형 유치권'이라 칭한다.

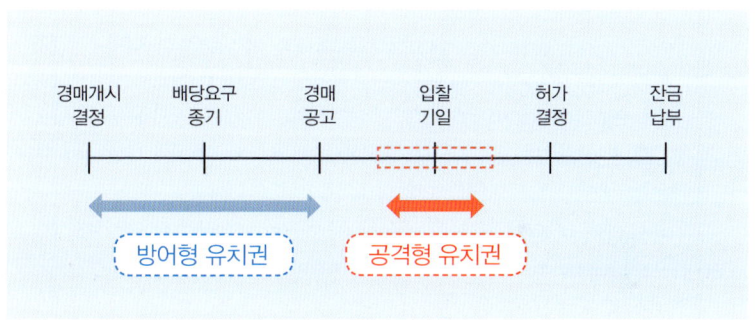

유치권 신고 시점 유형

경매를 하는 이유는 시세보다 저렴한 가격에 낙찰을 받아 이윤을 남기는 게 목적이다. 하지만 자신의 이윤을 위해 우편접수되는 유치권 신고를 악용하면 저가에 낙찰되어 소유자, 채권자, 임차인에게 재산적 손실을 입히게 된다. 허위 유치권 신고자에 대해 처벌을 규정하는 법이 있지만, 꼭 법률을 거론하지 않아도 내 재산이 소중한 것처럼 다른 사람의 재산도 소중함은 두말할 나위 없다. 그러므로 법의 테두리 안에서 합당한 수익을 추구하는 성숙한 경매인의 자세를 갖도록 하자.

Plus Tip

허위 유치권 신고자 처벌

진성 유치권자는 자신의 피해를 보상받아야 하지만 허위 유치권자는 형법의 처벌에서 자유롭지 못하기에 악용하는 사례를 부러워하면 안 된다.

형법 제31조(교사범)
① 타인을 교사하여 죄를 범하게 한 자는 죄를 실행한 자와 동일한 형으로 처벌한다.
② 교사를 받은 자가 범죄의 실행을 승낙하고 실행의 착수에 이르지 아니한 때에는 교사자와 피교사자를 음모 또는 예비에 준하여 처벌한다.
③ 교사를 받은 자가 범죄의 실행을 승낙하지 아니한 때에도 교사자에 대하여는 전항과 같다.

제137조(위계에 의한 공무집행방해)
위계로써 공무원의 직무집행을 방해한 자는 5년 이하의 징역 또는 1천만 원 이하의 벌금에 처한다.
→) 위계에 의한 공무집행방해죄에 있어서의 위계라 함은 행위자의 행위목적을 이루기 위하여 상대방에 오인, 착각, 부지를 일으키게 하여 그 오인, 착각, 부지를 이용하는 것을 말하고, 상대방이 이에 따라 그릇된 행위나 처분을 하였다면 이 죄가 성립한다.

제231조(사문서 등의 위조·변조)
행사할 목적으로 권리·의무 또는 사실 증명에 관한 타인의 문서 또는 도화를 위조 또는 변조한 자는 5년 이하의 징역 또는 1천만 원 이하의 벌금에 처한다.

제315조(경매, 입찰의 방해)
위계 또는 위력 기타 방법으로 경매 또는 입찰의 공정을 해한 자는 2년 이하의 징역 또는 700만 원 이하의 벌금에 처한다.

제347조(사기)
① 사람을 기망하여 재물의 교부를 받거나 재산상의 이익을 취득한 자는 10년 이하의 징역 또는 2천만 원 이하의 벌금에 처한다.
② 전항의 방법으로 제3자로 하여금 재물의 교부를 받게 하거나 재산상의 이익을 취득하게 한 때에도 전항의 형과 같다.

제349조(부당이득)
① 사람의 궁박한 상태를 이용하여 현저하게 부당한 이익을 취득한 자는 3년 이하의 징역 또는 1천만 원 이하의 벌금에 처한다.
②전항의 방법으로 제3자로 하여금 부당한 이익을 취득하게 한 때에도 전항의 형과 같다.

유치권자가 경매 신청한 경우
유치권은 소멸된다

유치권자는 원래 자신의 채권을 모두 변제받을 때까지 목적물을 유치하면서 타인에게 인도를 거절할 수 있다. 그 때문에 채무자나 그 목적물의 소유권을 취득한 사람이 그 목적물을 인도받으려면 유치권자에게 그의 채권을 변제해줘야 하므로 사실상 유치권자는 자신의 채권을 우선적으로 변제받을 수 있고 유치권자는 스스로 경매를 신청할 수도 있다.

유치권자가 직접 경매를 신청한 사례

이처럼 임의경매가 진행되고 있을 때, 유치권의 소멸여부를 생각해보자. 경매 신청채권자는 안○○과 ○○건설로 청구금액은 326,223,427원이다. 따로 저당권 같은 물권 설정자가 아님에도 임의경매로 진행되었다. 하단의 주의사항을 보면 '유치권자 안○○과

○○건설로부터 공사대금채권 326,223,427원을 위해 본건 건물 전부를 점유하면서 유치권 행사 중임'이란 글이 적혀 있다. 이는 매각물건명세서에 적힌 글을 인용한 것이다.

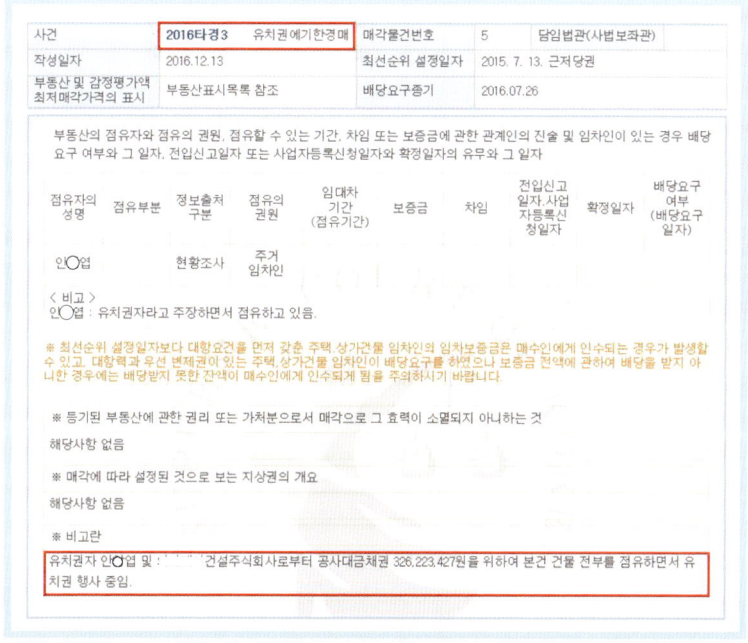

해당 사건의 매각물건명세서

즉, 안○○과 ○○건설은 유치권에 관한 판결문으로 경매를 넣은 채권자이며, 유치권은 법정담보물권이므로 임의경매가 진행된 이유다. 이때, 유치권에 의한 임의경매가 끝까지 진행돼 낙찰자가 소유권을 취득하면, 이 유치권은 소멸하는 것이 원칙이다. 유치권에 의한 경매는 담보권 실행을 위한 경매의 예에 따르기 때문이다(민법 제322조).

> **민법 제322조(경매, 간이변제충당)**
>
> ① 유치권자는 채권의 변제를 받기 위하여 유치물을 경매할 수 있다.
> ② 정당한 이유있는 때에는 유치권자는 감정인의 평가에 의하여 유치물로 직접 변제에 충당할 것을 법원에 청구할 수 있다. 이 경우에는 유치권자는 미리 채무자에게 통지하여야 한다.

다른 경매 신청자와 경합하면 유치권은 소멸되지 않는다

앞서 유치권에 의한 임의경매가 끝까지 진행돼 낙찰자가 소유권을 취득하면 유치권은 소멸한다고 말했다. 그렇다면 유치권자가 신청한 경매가 진행되는 중에 근저당권자가 신청한 임의경매나 일반채권자가 신청한 강제경매가 추가로 개시된 경우에는 어떻게 될까? 이런 경우에는 유치권자가 신청한 경매는 정지된 상태에서 임의경매나 강제경매가 진행된다(민사집행법 제274조 2항). 이 상태에서 낙찰자가 매각대금을 완납하여 소유권을 취득한 경우 그 유치권은 소멸하지 않는다는 것이 법원의 입장이다.

민사집행법 제274조(유치권 등에 의한 경매)

① 유치권에 의한 경매와 민법·상법, 그 밖의 법률이 규정하는 바에 따른 경매는 담보권 실행을 위한 경매의 예에 따라 실시한다.

② 유치권 등에 의한 경매 절차는 목적물에 대하여 강제경매 또는 담보권 실행을 위한 경매절차가 개시된 경우에는 이를 정지하고, 채권자 또는 담보권자를 위하여 그 절차를 계속하여 진행한다.

③ 제2항의 경우에 강제경매 또는 담보권 실행을 위한 경매가 취소되면 유치권 등에 의한 경매 절차를 계속하여 진행하여야 한다.

2009년 당시 경매 낙찰 결과

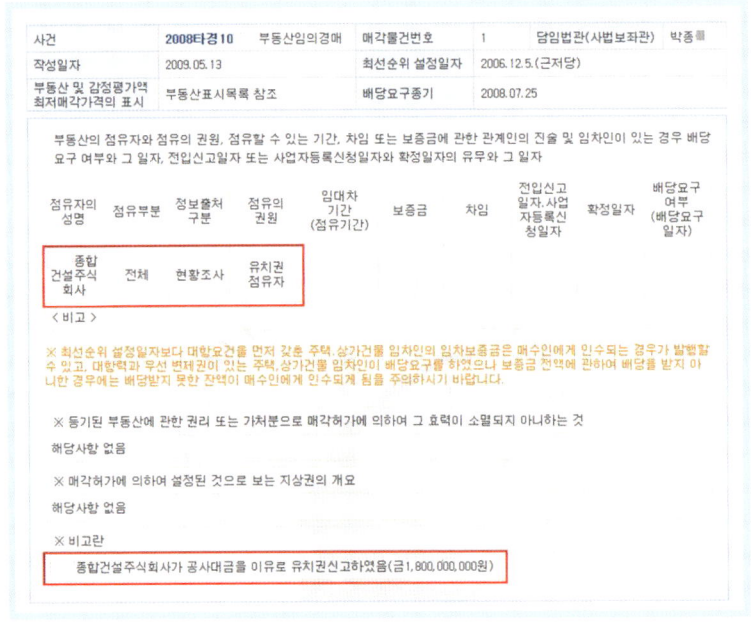

해당 물건의 매각물건명세서

　실제 진행된 사례를 보며 추가로 경매가 신청(중복 경매)된 경우 유치권자의 위치를 살펴보자. 그림에서 보는 것처럼 감정가 4억 5,000만 원의 상가가 1억 1,800만 원에 단독 낙찰되었다. 매각물건명세서를 보면 해당 상가는 건설회사가 공사대금을 이유로 18억 원의 유치권신고와 함께 점유를 하고 있었다. 거액의 공사대금 유치권 신고를 보고도 입찰에 들어간 이유는 크게 두 가지일 터다.

　첫째, 유치권 성립요건에 부합하지 않아 소송으로 다툴 생각인 경우, 둘째 과거에 이미 소멸된 유치권이란 생각 말이다. 사실, 이 부동산은 2006년에 이미 한 차례 경매 매각됐던 물건이었다.

과거 경매로 진행됐던 건물

소재지	서울특별시 강서구 화곡동 ▒▒▒			
물건종별	근린상가(31평형)	감정가	340,000,000원	
대지권	24.18㎡(7.314평)	최저가	(21%) 71,303,000원	
건물면적	61.73㎡(18.673평)	보증금	(10%) 7,140,000원	
매각물건	토지 건물 일괄매각	소유자	이종▒	
개시결정	2004-12-15	채무자	이종▒	
사건명	임의경매	채권자	진흥상호저축은행	

구분	입찰기일	최저매각가격	결과
1차	2006-01-23	340,000,000원	유찰
2차	2006-02-27	272,000,000원	유찰
3차	2006-04-03	217,600,000원	유찰
4차	2006-05-08	174,080,000원	유찰
	2006-06-12	139,264,000원	미진행
5차	2006-07-18	139,264,000원	유찰
6차	2006-08-22	111,411,000원	유찰
7차	2006-09-18	89,129,000원	유찰
8차	2006-10-23	71,303,000원	

낙찰: 83,177,000원 (24.46%)
(입찰1명, 낙찰: 강▒정)
매각결정기일 : 2006.10.30 - 매각허가결정
대금지급기한 : 2006.12.05
대금납부 2006.12.05 / 배당기일 2007.04.17
배당종결 2007.04.17

과거 2006년 매각된 사건 내역

No	접수	권리종류	권리자	채권금액	비고	소멸여부
1	2004.02.05	소유권이전(매매)	이종▒			
2	2004.05.11	근저당	(주)진흥상호저축은행 (채권관리부)	98,400,000원	말소기준등기	소멸
3	2004.05.27	가처분	김상▒		사해행위취소를 원인으로하는소유권이전등기말소 청구권 사건검색	소멸
4	2004.05.28	가처분	▒▒종합건설		사해행위로 인한 소유권이전등기 말소등기청구권 사건검색	소멸
5	2004.06.08	가처분	강계▒		사해행위취소에 따른 소유권이전등기 말소청구권 사건검색	소멸
6	2004.08.18	압류	서울시강서구		세무과-9888	소멸
7	2004.11.19	임의경매	▒▒종합건설		2004타경▒▒▒	소멸
8	2004.12.20	임의경매	우리은행 (여신관리팀)	청구금액: 170,000,000원	2004타경▒▒▒	소멸

당시 등기부 내역. 유치권자가 먼저 임의경매를 신청했으나 우리은행이 중복경매를 신청해 매각이 진행됐다.

사건 내막을 들여다보면, 이 상가는 2004년에 유치권자인 건설사가 임의경매를 신청했으나, 도중에 근저당권자인 우리은행에 의해 중복으로 임의경매가 개시되었다. 따라서 건설사가 신청한 경매는 법에 따라 정지되었으며, 우리은행의 임의경매가 진행되었다. 당시 감정가 3억 4,000만 원의 상가는 거듭된 유찰 끝에 강○정이 약 8,300만 원으로 단독 낙찰받고 소유권을 취득했다. 강○정이 입찰한 이유가 허위 유치권이란 판단에선지, 유치권자의 임의경매 신청 내역을 보고 유치권이 소멸한다고 판단해서 입찰했는지는 모르지만 충분히 승산이 있다고 판단했을 터다. 낙찰자는 중소기업은행으로부터 대출을 받아 잔금납부까지 마쳤다.

중복 경매, 유치권은 소멸되지 않았다

하지만 낙찰자의 예상과 달리 유치권은 소멸되지 않았다. 유치권자가 먼저 경매를 신청했어도 우리은행이 중복 경매를 신청해 진행된 매각이기 때문이다. 물론 소송 과정에서 유치권이 성립요건에 부합하지 않음을 이유로 다툴 순 있지만 결과적으로 법원에서 유치권이 인정되면서 패소하고 말았다. 당시 낙찰자는 중소기업은행으로부터 대출을 받아 잔금을 냈는데, 유치권으로 인해 상가를 사용·수익하지 못하자 이 상가는 근저당권자인 중소기업은행의 신청으로 또 다시 경매에 등장해, 앞에서 본 것처럼 1억 1,800만 원에 다시 낙찰된 것이다. 건설사는 점유를 지속하면서 유치권을 유지했는데 이를 가볍게 여기고 낙찰을 받은 새 소유자는 결국 건설사의 채권을 변제해줘야 했던 안타까운 사례다.

어찌 보면 두 낙찰자 모두 유치권자가 신청한 임의경매 내역을 보고 유치권의 소멸을 떠올려 입찰에 자신감을 보인 경우일 수도 있어 안타깝다. 거듭 강조하지만, 유치권자가 경매 신청한 경우 끝까지 유치권에 의한 임의경매로 진행한 매각일 때만 유치권이 소멸하고, 다른 경매 신청에 의해 유치권에 의한 임의경매가 도중에 정지되면 소멸되지 않으므로 각별히 주의해야 한다.

경매로 고수익 상가 낙찰받는 비법

상가 임차인이 지출한 인테리어 비용(유익비)은 유치권과는 거리가 멀다. 예를 들어, 임차인이 음식점 영업을 하기 위해 인테리어 공사를 한 경우에는 유치권이 성립하지 않는다. 왜냐하면 임차인의 필요로 행해진 인테리어가 상가의 객관적인 가치를 증가시킨 것으로 볼 수 없기 때문이다. 특히 임차인이 임대차계약서에 인테리어 시설에 대해 원상 복구하겠다고 계약한 경우에 유익비 상환청구권을 포기한 것으로 간주돼 유치권은 성립할 수 없다. 경매를 통해 좋은 상가를 저렴하게 구입하고 싶은 분들이 많다. 이런 분들에게 조언을 하자면, 입지 및 상권을 먼저 분석한 후 대항력 없는 상가 임차인이 사업을 개시한 지 그리 오래되지 않은 상가를 공략하면 좋다. 왜냐하면 신규 임차인일수록 인테리어에 투입한 비용 손해가 막심하므로 낙찰자와 재계약할 확률이 매우 높기 때문이다.

> **원상복구, 유치권 인정되지 않는다**
>
> 임대차계약 체결 시 임차인이 임대인의 승인 하에 임차목적물인 건물부분을 개축 또는 변조할 수 있으나 임차목적물을 임대인에게 명도할 때에는 임차인이 일체 비용을 부담하여 원상복구를 하기로 약정하였다면, 이는 임차인이 임차목적물에 지출한 각종 유익비의 상환청구권을 미리 포기하기로 한 취지의 특약이라고 봄이 상당하다(대법원 94다20389판결).

수익률이 좋은 신규 임차인을 공략하자

한 사례를 보자. 인천 남동구에 위치한 건물의 2층에 위치한 전용면적 50평의 상가가 경매에 나왔다. 34명의 치열한 경합 끝에 4억 7,600만 원에 낙찰이 되었는데, 이 상가가 매력적인 이유는 바로 임차인에 있었다.

상가 낙찰 결과 내역

놀○보쌈으로 이용 중인 내부 모습

해당 건물의 2층 상가에는 프랜차이즈 음식점인 놀○보쌈이 입점해 있었다. 매각물건명세서에 기록된 현황조사 및 권리신고 내용을 보면 보증금 5,000만 원, 월세 385만 원에 입점한 임차인의 사업자등록 날짜는 2013년 8월이었다. 경매개시결정이 2014년 1월이니 입점한 지 불과 5개월도 안 돼 은행의 근저당권 실행으로 경매가 진행된 것이다. 후순위 임차인이라 대항력이 없어 낙찰자의 인수대상도 아니었다.

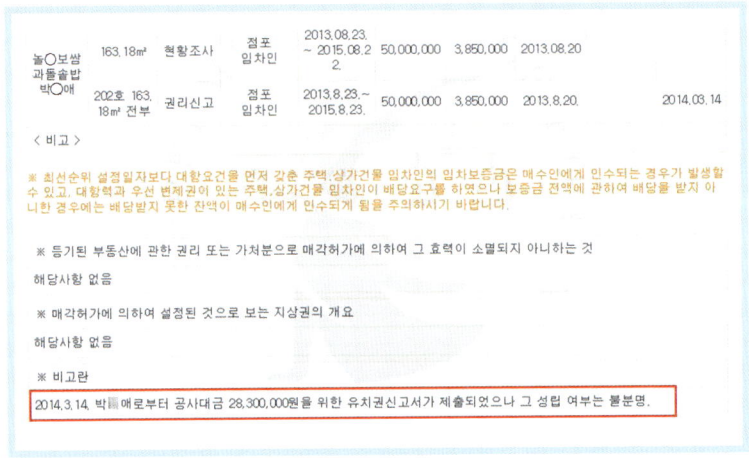

매각물건명세서 내역 일부

해당 임차인은 공사대금을 이유로 약 2,800만 원의 유치권신고도 했는데, 이는 거의 성립되지 않는다고 봐도 된다. 임차인의 필요에 의한 인테리어라서 유익비가 아니며 또한 애초에 소유자와 계약 당시 작성한 상가임대차계약서에 '원상회복' 조건이 명시되었을 터이기 때문이다. 결과적으로 상가 낙찰자는 약 4억 8,000여만 원에 낙찰받아 90% 대출을 받고, 임차인과 재계약을 하면서 임차보증금을 회수하면 결과적으로 자금이 한 푼도 들지 않게 된다. 물론 4억 3,000여만 원의 대출이자는 다달이 140여만 원(연 4% 계산)이 나오지만, 월세로 이자를 내고도 월 200만 원씩 남는 구조다. 더군다나 상가처럼 수익형 부동산은 월세를 기준으로 매매가가 형성되는 경우가 많다. 월세가 385만 원이므로 이를 8%의 연 수익률로 환산하고 보증금 5,000만 원을 더하면 매매가는 6억 2,000만 원에 달한다.

낙찰금	428,759,910원	상가 보증금	50,000,000원
대출금	428,759,910원	월세	3,850,000원
대출이자(연)	17,150,396원	이익금(연)	29,049,604원
투자금	−2,360,010원		
상가 매매 예상가	620,000,000원		

상가 매매 예상가 및 이익금

이 모든 시나리오가 가능했던 이유는 입점한 신규 임차인 덕분이었다. 많은 인테리어 비용과 장사가 잘 되는 영업점 조건이 맞아떨어져 낙찰자는 소자본으로 공실 없는 상가를 취득할 수 있게 됐다.

오래전 입점한 임차인은 신중

신규임차인이 아닌 이미 오래전부터 입점한 임차인이 있는 상가는 신중해야 한다. 워낙 장사가 잘 되는 상가가 아닌 이상 재계약 확률이 낮기 때문이다. 통상 음식점 인테리어는 연 20%씩 감가상각을 하는 경우가 많다. 따라서 5년 이상 지나면 잔존가치가 남지 않으므로 임차인이 인테리어 비용으로 인한 재계약 의지가 약해

애로사항이 많을 수 있다. 원활한 이사협의가 안 되는 경우 강제집행을 하는 경우도 많고, 시설비 철거에 의한 소요비용의 문제가 발생하는 경우도 많다. 임차인이 철거하는 게 이치지만 보통 수 백~수 천만 원에 달하는 철거비용을 모르쇠로 일관하는 임차인도 많기 때문이다. 이를 해결하려면 법적인 소송이 불가피하며, 승소하더라도 임차인의 재산이 없다면 받아내기가 어려운 경우도 있다. 또한 새 임차인이 입점하기 전까지 수 개월에 달하는 공실이 생길 수 있다.

결론적으로 상가에 유치권이 있는 경우 다음의 세 가지를 고려해 입찰에 임하면 좋다.

① 임차인의 영업을 위한 인테리어는 유치권이 인정되지 않는다.

② 대항력 없는 신규 임차인의 인테리어 비용이 높을수록 재계약 여부가 높아진다.

③ 현 임차인과의 재계약이 이뤄지지 않을 경우 새로운 사람에게 임대가 쉽게 나갈 수 있는 위치 및 상권인지를 파악하자.

Plus Tip

유익비 vs 필요비

1. 유익비
물건을 개량하여 가치를 증가시키는 데 도움이 되는 비용을 뜻한다. 임차인이 지출한 유익비는 임대인이 상환할 의무가 있는데, 임차인의 유익비상환청구권은 임대차 종료

시 발생한다.

2. 필요비
부동산을 유지 보수하는데 필요한 유지비 및 수리비용을 뜻한다. 꼭 필요하지는 않으나 가치를 증가시키는 유익비와 구별된다. 임차인의 필요비상환청구권은 지출 즉시 발생한다.

> *** 민법 제626조(임차인의 상환청구권)**
> ① 임차인이 임차물의 보존에 관한 필요비를 지출한 때에는 임대인에 대하여 그 상환을 청구할 수 있다.
> ② 임차인이 유익비를 지출한 경우에는 임대인은 임대차종료 시에 그 가액의 증가가 현존한 때에 한하여 임차인의 지출한 금액이나 그 증가액을 상환하여야 한다. 이 경우에 법원은 임대인의 청구에 의하여 상당한 상환기간을 허여할 수 있다.

필요비, 유익비의 상환청구권을 미리 포기하는 약정은 유효하다. 건물의 임차인이 임대차관계 종료 시에는 건물을 원상 복구하여 임대인에게 명도하기로 약정한 것은 건물에 지출한 각종 유익비 또는 필요비의 상환청구권을 미리 포기하기로 한 취지의 특약이라고 볼 수 있어 임차인은 유치권을 주장할 수 없다. 건물 임차인이 자신의 비용을 들여 증축한 부분을 임대인 소유로 귀속시키기로 하는 약정은 임차인이 원상회복의무를 면하는 대신 투입비용의 변상이나 권리주장을 포기하는 내용이 포함된 것으로서 유효하므로, 그 약정이 부속물매수청구권을 포기하는 약정으로서 강행규정에 반하여 무효라고 할 수 없다. 또한 그 증축 부분의 원상회복이 불가능하다고 해서 유익비의 상환을 청구할 수도 없다.

Part 4

지분경매 편 :
예측된 위험 극복, 고수익 소액투자

돈 되는 지분경매의 비법

초보자도 수익 낼 수 있는 지분경매

지분으로 수익 낸 지인

"나 이번에 지분 낙찰받은 거 3,000만 원 받고 바로 팔았어."
"정말?"
"더 좋았던 점은 상대 지분권자가 잔금 내는 조건으로 바로 팔게 돼 내 자본이 거의 들지 않았어."
"부럽다, 나는 저번에 낙찰받은 물건이 아직도 팔리지 않아 대출이자로 고생하고 있는데…. 나도 이참에 지분물건에 도전해볼까?"
"좋은 생각이야. 특수물건 중에 지분은 적은 자본으로도

> 도전할 수 있는 분야라서 매력적이야. 바로 팔리면 수익률
> 이 매우 높고 다른 물건에 재투자할 수 있어 좋아.

앞의 사례처럼 주변에서 지분물건을 통해 수익을 냈다는 얘길 심심치 않게 들을 수 있다. 해당 부동산에 지분비율이 적을수록 소자본으로도 투자가 가능하고, 잘 해결되면 바로 수익을 볼 수 있는 구조가 지분이다. 이 페이지에서는 지분이란 무엇이며, 어떻게 수익을 내는지, 물건에 따라 주의할 점은 무엇인지 알아보자.

물건이 수인의 소유로 된 것을 공유라 하는데, 공유자들 각각의 소유권을 지분이라 한다. 예를 들어 주택을 부부가 1/2씩 공동소유하고 있다면 남편과 아내가 각각 1/2 지분권자가 된다. 부동산을 공유로 소유하는 원인으로는, 절세를 목적으로 부부(또는 친인척)가 공동으로 소유하는 경우, 상속으로 인해 법정상속 지분대로 상속자가 공동으로 소유하는 경우, 동업 및 공동투자로 인해 공동으로 소유하는 경우, 심지어 기획부동산 같은 곳을 통해 묻지마 투자 형태로 임야 1필지를 다수의 사람이 공유하고 있는 경우도 있다.

지분경매 물건은 주택, 건물, 대지, 농지, 임야 등 다양하다. 지분경매 물건은 그 유형에 따라 차이는 있지만 감정가격의 50% 이상 하락한 가격에 낙찰되는 경우도 많다. 낙찰 가격이 낮은 데는 나름의 이유가 있겠지만, 이런 물건을 정상가격에 매각할 수 있다면 높은 수익을 올릴 수 있다는 장점이 있다. 그럼에도 한편으론 아직도

많은 사람들이 지분물건에 입찰하길 선뜻 나서지 못하는 게 사실이다. 지분경매는 부동산 전체를 오롯하게 취득하는 게 아닌 그중 일부 지분만 취득하는 형태다. 따라서 지분 낙찰자는 해당 부동산의 온전한 소유자가 아닌 공유자다. 다음 페이지에서 지분 낙찰자인 공유자가 행사할 수 있는 권리와 제약을 받는 권리를 통해 지분경매의 장단점을 확인해보자.

지분이란?

공유 지분 관련 법 조항

민법제262조(물건의 공유)
① 물건이 지분에 의하여 수인의 소유로 된 때에는 공유로 한다.
② 공유자의 지분은 균등한 것으로 추정한다.

제263조(공유지분의 처분과 공유물의 사용, 수익)
공유자는 그 지분을 처분할 수 있고 공유물 전부를 지분의 비율로 사용, 수익할 수 있다.

제264조(공유물의 처분, 변경)
공유자는 다른 공유자의 동의 없이 공유물을 처분하거나 변경하지 못한다.

제265조(공유물의 관리, 보존)
공유물의 관리에 관한 사항은 공유자의 지분의 과반수로써 결정한다. 그러나 보존행위는 각자가 할 수 있다.

제266조(공유물의 부담)
① 공유자는 그 지분의 비율로 공유물의 관리비용 기타 의무를 부담한다.
② 공유자가 1년 이상 전항의 의무이행을 지체한 때에는 다른 공유자는 상당한 가액으로 지분을 매수할 수 있다.

제267조(지분포기 등의 경우의 귀속)
공유자가 그 지분을 포기하거나 상속인없이 사망한 때에는 그 지분은 다른 공유자에게 각 지분의 비율로 귀속한다.

제268조(공유물의 분할청구)
① 공유자는 공유물의 분할을 청구할 수 있다. 그러나 5년 내의 기간으로 분할하지 아니할 것을 약정할 수 있다.
② 전항의 계약을 갱신한 때에는 그 기간은 갱신한 날로부터 5년을 넘지 못한다.
③ 전2항의 규정은 제215조, 제239조의 공유물에는 적용하지 아니한다.

제269조(분할의 방법)
① 분할의 방법에 관하여 협의가 성립되지 아니한 때에는 공유자는 법원에 그 분할을 청구할 수 있다.
② 현물로 분할할 수 없거나 분할로 인하여 현저히 그 가액이 감손될 염려가 있는 때에는 법원은 물건의 경매를 명할 수 있다.

제270조(분할로 인한 담보책임)
공유자는 다른 공유자가 분할로 인하여 취득한 물건에 대하여 그 지분의 비율로 매도인과 동일한 담보책임이 있다.

한눈에 보는 지분경매 장단점

1. 장점

① 적은 비용으로 경매 참여 가능

예를 들어 감정가 5억 원의 부동산이 경매에 나왔고, 이에 4억 5,000만 원에 입찰하고 싶다면 낙찰을 감안해 자금 준비를 계획해야 한다. 물론 경락잔금대출을 활용할 수 있지만 규제지역, 특수물건 등의 이유로 대출이 되지 않는 상황이라면 전액을 준비해야 한다는 부담에 입찰을 하지 못할 수도 있다. 하지만 부동산의 일부인 1/20이 경매로 나온 경우라면 감정평가금액은 2,500만 원 가량될 것이므로 적은 비용으로 경매 참여가 가능해진다.

② 우위를 점할 수 있다

공유자는 자기 지분을 처분할 수 있고 공유물 전부를 지분의 비율로 사용, 수익할 수 있다. 하지만 공유자는 다른 공유자의 동의 없이 공유물 전체를 처분하거나 변경하지 못한다. 즉, 자기 지분을 사고파는 건 맘대로지만 전체 공유물을 팔려면 공유자 전원의 동의가 필요하다. 5억 원 가치 부동산의 1/20지분을 유찰된 가격인 1,500만 원에 낙찰받아 소유권을 취득했다면 19/20의 소유자가 해당 부동산을 팔려고 해도 1/20 지분권자의 동의가 있어야만 가능하다. 투입된 자본이 적은 1/20 지분권자는 급한 게 없지만 목돈이 투입된 19/20의 지분권자는 안달이 난다. 이런 경우를 '주객전도' 또는 '왝더독(Wag The Dog, 개의 꼬리가 몸통을 흔든다는 뜻)' 현상이라고 부를 수 있을 것이다.

③ 낮은 경쟁률

지분경매는 토지 및 건물 전체가 온전한 물건으로 진행되는 일반경매와 달리 지분이라는 제약된 권리를 사야하다 보니 일반인들이 낙찰받는 것을 꺼리는 경우가 많다. 또한 지분을 낙찰받더라도 이후의 처리 과정이(여러 공유자들 상대로 매각, 손해배상청구소송 / 공유물분할청구소송 등) 어렵고 자신이 없어서 경쟁률이 낮아지는 게 현실이다.

④ 적은 비용으로 높은 수익 추구

경쟁률이 낮아지는 만큼 유찰 횟수도 많아져 저렴한 가격에 매수할 기회가 주어진다. 이는 궁극적으로는 적은 비용으로 높은 수익을 실현할 수 있는 조건이 되어 요즘처럼 경매 투자 인구가 많은 시기에 틈새 시장이 된다.

2. 단점

① 환금성의 어려움

지분물건을 사는 건 내 맘이지만 파는 건 내 맘이 아니다. 물론 해당 지분을 자유로이 거래할 순 있지만, 매수자가 거의 없다는 게 문제다. 아파트 한 채를 거래하고 싶은 매수인에게 1/2을 내놓는다

해도 거래가 되겠는가. 빨리 처분하고 싶어도 나머지 공유자가 응해주지 않으면 지분권자 단독으로는 팔기 어려운 단점이 있다.

② 재산권 행사의 제약

부동산을 주거용이나 상업용 시설로 개발하고 싶어도 공유자 사이에 합의에 이르지 못하면 개발이 불가능하다. 이는 다수 지분권자도 마찬가지다. 부동산의 관리는 과반수 지분권자가 행사할 수 있지만 공유물의 처분 및 변경은 전체 공유자의 동의가 필요하기 때문이다.

③ 인도의 어려움

해당 건물에 대항력 있는 임차인이 거주중이라면 임대차 기간이 끝날 때까지 기다려야 한다. 보증금 인수금액은 지분 비율만큼 인수해야 하나 주택을 인도받기 위해선 임대차 보증금 전액을 지급해야 한다. 다만, 매수인은 자기 지분을 초과하는 임대차 보증금에 대해서는 나머지 공유자에게 구상권을 행사할 수 있다.

④ 대출의 제약

부동산을 구입할 때 금융권 대출을 받는 게 일반적이지만, 지분 경매 물건은 대출이 안 되는 경우가 많다. 따라서 낙찰금액 전액을 자기자본으로 투입해야 하므로 자금 계획에 차질이 없어야 한다.

지분경매 방어, 공유자우선매수권의 비밀

지분경매는 여러 가지 유형으로 수익을 창출할 수 있는데, 그 유형에 따라 접근방법이 다르므로 입찰 시 이를 반영해 준비하면 좋다. 먼저 본인이 공유지분권자인데 다른 공유자의 지분이 경매에 나왔다면 '공유자우선매수권'을 행사하면 좋다. 공유자우선매수권은 각 지분권자에게 1회에 한해 주어지는 권리다. 이 제도는 공유물 전체의 이용관리 및 다른 공유자와의 기존의 인적 유대관계를 유지할 필요성에서 새로운 사람이 공유자가 되는 것보다 기존의 공유자에게 우선적으로 공유지분을 매수할 기회를 주는 것이 타당하다는 것이 입법 취지다.

공유자우선매수권 행사 시기

공유자우선권 행사 방법은 법원에 미리 공유자우선매수권을 신청할 수도 있고, 매각기일에 참여해 최고가매수신고인이 발표되는 즉시 공유자우선매수권을 행사할 수도 있다(두 경우 모두 매수신청보증금을 제공해야 한다). 전자의 경우 입찰 참여자를 억제하는 효과가 있으나 간혹 이를 역이용해 채권자가 높은 가격을 쓰고 입찰하는 경우도 있다(공유자가 우선매수청구를 하지 않으면 채권자는 잔금을 미납하는데, 몰수된 보증금은 배당으로 돌려받으므로 채권자의 손해가 없다). 후자의 경우 매각기일에 최고가매수신고인이 있으면 그 때 권리를 행사하고, 없으면 다음 매각기일에 20% 또는 30% 저감된 가격으로 경매가 다시 시작되기에 취득가격 측면에서 유리한 경우도 있다. 만약 둘 이상의 공유자가 동시에 우선매수권을 행사하면 각 지분의 비율대로 안분된다.

공유자지만 이럴 땐 공유자우선매수권을 행사할 수 없다

1. 경매개시등기 후 공유지분 취득자

법원에서 명시하지 않는 이상 경매개시등기 후에 취득한 공유자에게도 우선매수권이 인정된다. 다만, 경매개시등기 후에 해당 공유지분의 일부 취득자는 우선매수권을 행사할 수 없다. 예를 들어 甲, 乙이 각 1/2씩 소유하고 있던 부동산에서 甲의 1/2 지분이 경매에 나온 경우, 乙은 매수청구할 수 있다. 경매개시등기 후에 乙의 지분을 인수한 丙도 매수 청구할 수 있다. 甲 지분의 경매개시와 乙 지분은 아무 상관이 없기 때문이다. 그러나 경매개시등기 후에 甲의 지분을 일부 인수한 丁은 공유자우선매수청구를 할 수 없다. 甲 지분에 경매개시결정의 압류효과가 미쳐 丁은 적법한 공유자라 볼 수 없기 때문이다.

2. 공유물분할을 목적으로 하는 경매

지분권자 사이에 협의가 되지 않으면 해당 부동산을 공유물분할 청구를 할 수 있다. 이때 재판의 원칙은 현물분할(물건을 직접 분할한다는 뜻)인데 법원의 강제보다 조정으로 합의하는 경우가 많다. 다만 현물분할이 불가능하거나 현물분할 시 재산가액이 현저히 감소하는 경우 법원은 대금분할을 명해 해당 부동산은 경매에 나오게 된다. 이런 경우 공유자우선매수권은 인정되지 않고, 매각대금을 지분비율로 배당받는다.

3. 공유지분이지만 특정 부분을 구분해 소유하는 구분소유적 공유자

등기부상 공유상태지만 실제 사용은 서로 협의 하에 각각 구분해 특정 부분을 소유하고 있는 구분소유적 공유자는 우선매수 할 수 없다. 다만 구분소유적 공유관계는 등기부상 공시되고 있지 않으므로 임장을 통해 확인해야 할 것이다.

4. 토지만 또는 건물만 공유자

토지와 건물이 일괄매각된 사건에서 토지만 또는 건물만 공유하고 있는 자는 우선매수할 수 없다. 토지와 건물 모두 공유지분을 취득해야 우선매수자격을 갖는데, 이때 지분비율이 적어도 인정된다.

5. 여러 물건을 일괄매각하는 경우 해당 물건 중 일부에 대한 공유자

예를 들어 A, B 부동산 두 개가 일괄매각으로 경매 진행될 때 A, B 부동산 모두 공유자여야 가능하지만, 이 중 하나만 공유하고 있는 경우엔 공유자우선매수자격이 인정되지 않는다. 예를 들어 A

소유 토지 전부와 A 소유 도로 지분 1/2이 일괄 매각으로 경매에 나온 경우 도로 부분만 지분권자인 B는 공유자우선매수권을 행사할 수 없다.

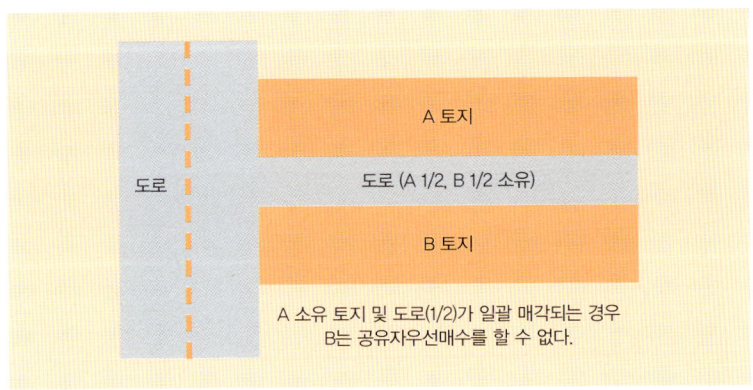

 Plus Tip

공유자의 상태를 파악하자

부동산의 일부가 지분경매로 나왔을 때 이를 입찰하려면 먼저 등기부 내역을 확인해야 한다. 이는 말소기준등기 뿐 아니라 다른 지분권자를 확인하기 위함이다. 공유자의 수, 나이, 주소, 채무 상태 등을 말이다. 다른 지분권자의 채무가 적은 경우 낙찰받은 공유 지분을 상대방에게 매도하는 방법을 고려할 수 있다. 채무가 많은 경우 공유물분할청구소송을 염두에 둘 수 있는데, 이때, 공유자가 너무 많은 경우 애로사항이 클 수 있다. 공유물분할청구소송은 필요적

> 공동소송이므로 반드시 다른 공유자 전부를 피고로 정해서 제기되어야만 판결이 선고될 수가 있는데, 공유자가 너무 많을 경우 송달 자체가 되지 않는 경우가 종종 발생한다. 이 경우에는 송달을 위하여 재판이 지나치게 장기화되어 낙찰대금 회수가 예상외로 늦어질 수 있음은 물론, 공유자 중 실종자가 있는 경우 종국적으로 송달이 이루어지지 못해 분할 판결을 선고받을 수 없을 수도 있으니 사전에 공유자의 상황을 파악 후 입찰하는 게 좋다.

공유자에게 뺏긴다는 핑계는 그만

"난 지분경매 안 해."

"왜요? 비교적 저렴하게 낙찰받을 수 있는 방법이잖아요."

"낙찰받으면 뭐해? 당일에 공유자가 우선매수로 다 가져가버리는 걸. 그러니 자네도 헛고생하지 말라고."

"……"

간혹 일부 사람들은 지분경매를 폄하하면서 이렇게 말한다. 하지만 다들 공유자우선매수로 가져가버리면 우리나라에 지분경매하는 사람이 없어야 할 텐데, 지금도 꾸준히 수익을 내고 있는 전문가들이 많다. 왜 그럴까? 나는 이를 〈여우와 포도〉 이야기로 빗대고 싶다. 배고픈 여우가 포도송이를 찾아냈으나 높아서 따먹을 수가 없자 그 자리를 떠나며 "저 포도는 아직 익지 않아서…"라고 중얼거린 이야기 말이다. 자신을 탓하기보다 핑계로 돌린다는 얘기다.

공유자우선매수권으로 낙찰의 기회를 놓치는 경우가 종종 있는 것은 맞는 말이다. 다만, 매번 공유자가 우선매수를 하는 것은 아니다. 그 이유는 여러 가지가 있겠으나 실무에서 상대 공유자를 만나 본 결과 다음과 같은 원인을 알 수 있었다.

1. 설마 누가 입찰하겠어?

공유자우선매수를 할 수 있단 것을 알지만 설마 이번 회차에 누가 입찰하겠냐는 생각에 법원에 오지 않는 경우다. 최근 가격이 오른 부동산인 경우 신건에 입찰하는 경우가 있는데 공유자는 신건이라서 유찰될 줄 알고 오지 않은 것이다.

2. 법원에 늦게 도착하다

공유자우선매수를 할 생각으로 법원으로 출발했으나 날씨 및 교통체증의 영향으로 법원에 늦게 도착한 경우다. 해당 사건의 개찰 결과가 종결되면 공유자우선매수를 할 수 없다.

3. 서로 매수를 꺼리는 경우

상속, 증여 등으로 형제들이 공동소유하는 경우 사이가 좋을 땐 공유자우선매수에 적극적이지만 그렇지 않은 경우 우선매수를 꺼리는 사태가 올 수 있다.

4. 공유자우선매수를 몰랐다

법원에서는 해당 공유자에게 미리 서신을 보내 공유자우선매수 제도에 대해 고지하지만 이를 제대로 읽지 않았거나 매각 날짜를 착각한 경우 공유자우선매수를 하지 못한 채 지나가는 경우도 있다.

지분을 낙찰받아 수익내는 법

지분을 낙찰받으면 상대 공유자를 찾아가 협상을 하게 된다. 이 때 원활히 협의가 이뤄질 수도, 그렇지 않을 수도 있는데 경우에 따른 대응방법을 미리 알아두면 도움이 된다.

1. 협의가 이뤄질 때

① 공유자에게 지분 매각

경매로 지분을 저렴하게 인수한 다음 다른 지분권자에게 매각하는 방법으로 단기간에 수익을 창출할 수 있단 측면에서 아주 좋은 방법이다.

② 공유자 지분을 매수

공유자가 자금 여력이 없을 때 매수인이 나머지 지분을 인수해

온전한 소유를 만든 후 매각하거나 임대한다.

③ 공유자와 합의 하에 제3자에 매각

공유자와 합의한 후 제3자에게 처분해 매각대금을 지분 비율로 나누는 방법이다.

④ 사용료 청구

지분권자가 거주하는 경우 지분에 상응하는 만큼 건물분에 대한 사용료를 청구할 수 있다.

2. 협의가 되지 않을 때

① 부당이득반환청구소

지분을 점유하는 공유자를 상대로 사용료를 청구한 후 이를 지급하지 않으면 부당이득반환청구소송을 한 후 판결문으로 다른 지분 소유자를 상대로 강제경매를 신청한다. 물건이 좋으면 매수인은 공유자우선매수권을 행사해 나머지 지분을 취득할 수도 있다.

② 공유물분할청구소

공유물분할은 협의가 우선이고, 협의가 불성립할 경우 재판을 통해 분할 청구를 할 수 있다. 이때 판사는 가급적 조정을 유도하는

데, 실제 조정을 통해 해결되는 경우가 많다. 그럼에도 조정에 실패해 재판에 의해 공유물을 분할하는 경우에는 현물로 분할하는 것이 원칙이지만 현물로 분할할 수 없거나 분할로 인해 현저히 그 가액이 감소할 염려가 있을 때는 법원은 경매를 명할 수 있다(민법 제269조, 대법원 2009다40219판결). 일반적으로 토지는 현물분할, 건물은 대금분할인 경우가 많다. 공유물분할 판결에 의한 경매는 공유자우선매수권이 인정되지 않는다. 공유물분할을 위한 경매는 부동산 위의 부담을 소멸시키는 것을 원칙으로 하되, 집행법원이 필요한 경우 목적 부동산 위의 부담을 소멸시키지 않고 인수조건으로 매각절차를 진행할 수 있다. 이 경우 매각조건 변경 내용을 매각물건명세서에 고지해야 한다(대법원 2006다37908판결).

참고로 공유물분할소송을 할 때는 먼저 상대방 지분에 '부동산처분금지가처분'을 해놓아야 한다. 이유인 즉, 공유물분할청구소송의 판결이 나오기 전에 상대방 지분권자가 자기 지분을 제3자에게 매도 해버리면 다시 그 소유자를 상대로 소송을 진행해야 하는 부담이 생기기 때문이다.

 **Plus Tip**

지분경매, 돈 되는 물건 고르는 법

1. 미래가치가 높아질 부동산에 투자
일반경매도 마찬가지지만 특히 지분경매는 장기투자가 될 수 있으니 더욱 미래가치가 높아질 부동산에 투자하는 것이 필요하다.

2. 공유자 및 임차인이 적은 지분물건
공유자가 많거나 임차인이 많은 경우 매수 또는 매도 시 협상이 수월하지가 않다. 특히 대항력 있는 임차인이 많은 경우 오히려 투자대비 손실을 보는 경우도 생길 수 있다.

3. 미등기주택보다는 등기된 주택
등기된 주택은 부당이득반환청구소송, 공유물반환청구소송 등의 소송과 임차인을 활용해서 경매를 신청할 수 있어서 미등기주택보다는 수월한 해결책을 찾을 수 있다. 특히 임차인이 전세보증금반환청구 소송 등으로 경매를 신청하면 신속히 진행되고 해당 경매에서 낮은 가격으로 취득할 수도 있다.

대항력 있는 임차인 유무에 따른 지분 공략법

지분경매로 나온 부동산에 대항력 있는 임차인이 거주하는 경우 어떻게 될까? 더군다나 대항력 있는 임차인이 배당요구를 하지 않았다면, 지분 낙찰자가 임차인의 보증금을 인수해야 할까? 만약 인수한다면 해당 지분 비율만큼만 인수할까, 아니면 전액을 인수해야 할까? 또한 대항력 없는 임차인이 거주한다면 아무 문제가 없는 걸까? 이처럼 해당 부동산에 임차인이 거주하는 경우 여러 상황에 맞닥뜨릴 수 있으니 사례별로 분석해 보자.

대항력 있는 임차인이 배당요구를 하지 않았을 때

등기부 권리	주택 소유자	甲	乙
		2018년 3월 2일 임차인 전입신고	
甲 지분		2018년 5월 2일 근저당	

甲과 乙이 1/2씩 공유하고 있는 주택이 있다. 시세는 3억 원이고 임차인의 전세보증금은 2억 5,000만 원이며 배당요구를 하지 않았다. 저당권 실행으로 1/2의 甲 지분만 경매에 나왔는데, 감정가는 1억 5,000만 원이다. 자, 이 주택을 丙이 1억 원에 낙찰받으면, 시세보다 5,000만 원 싸게 산 걸까? 그렇지 않다. 대항력 있는 임차인의 보증금 중 지분 비율 만큼인 1/2을 인수할 책임이 있기 때문이다. 즉, 1억 5,000만 원 짜리 지분을 2억 2,500만 원(낙찰가 1억 원 + 임차보증금1/2 1억 2,500만 원)에 산 셈이다.

보증금을 전액 변제할 수도 있다

더욱이 낙찰자 丙이 임차보증금 1억 2,500만 원을 반환해도 임차인이 乙로부터 남은 1억 2,500만 원의 보증금을 반환받지 못하면 집을 비워주지 않게 된다. 임차보증금 반환과 임차인의 점유권 이전은 동시이행관계이기 때문이다. 따라서 공유지분권자인 乙이 임차보증금 반환에 협조하지 않는다면 丙이 2억 5,000만 원을 반환하고 임차인을 내보낸 뒤 乙을 상대로 1억 2,500만 원의 구상권을 행사해야 한다.

또한 임차기간이 만료되었음에도 보증금이 반환되지 않으면 임차인은 임차보증금반환소송을 거쳐 해당 주택 전체를 강제경매 신청할 수도 있다. 이때, 주택이 2억 5,000만 원에 낙찰된다면 임차인이 전액을 배당받아 남는 배당액이 없으니 소유자인 丙과 乙에게 배당될 금액이 없다. 丙은 기존 1/2 지분낙찰금액인 1억 원을 그대로 날린 셈이다. 이처럼 대항력 있는 임차인이 배당요구를 하지 않았을 경우 해당 지분만큼 임차보증금이 인수되므로 그만큼 차감한 가격으로 입찰해야 한다. 또한 공유지분권자가 임차보증금 반환에 협조하지 않을 경우 현실적으로 전액 인수할 가능성이 있으니 이에 대비책도 세워야 한다(물론 구상권은 행사할 수 있다).

후순위 임차인은 대항력이 부활할 가능성이 높다

앞서 대항력 있는 임차인이 배당요구를 하지 않았을 경우 지분 낙찰자가 보증금을 인수하므로 조심하란 말을 했다. 그렇다면 임차인이 없거나 대항력 없는 임차인 물건은 공략하기 쉬울 것이란 판단을 할 수도 있다. 결론부터 말하자면 더 큰 난관에 부딪힐 수 있으니 조심해야 한다.

등기부 권리 \ 주택 소유자	甲	乙	丙
甲 지분	2018년 5월 2일 근저당		
		2018년 10월 2일 임차인 전입신고	
乙 지분		2019년 1월 3일 가압류	
丙 지분			2019년 5월 2일 근저당

甲, 乙, 丙이 각 1/3씩 소유하는 주택이 있다. 해당 주택은 甲 지분에 설정된 근저당권의 실행(채권액 4,000만 원)으로 1/3 甲 지분만 경매에 등장했다. 주택 시세는 3억 원이어서 해당 지분의 감정가는 1억 원이다. 이때, 丁이 해당 지분을 50% 가격인 5,000만 원에 낙찰받았다고 보자. 丁이 이 물건에 입찰한 이유는 간단했다. 우선 甲 지분에 설정된 2018년 5월 2일 근저당권이 말소기준등기로 인수하는

권리는 없다. 확정일자를 갖춘 전세 보증금 2억 1,000만 원의 임차인이 거주하고 있었지만 말소기준등기보다 전입일자가 늦은 후순위 임차인이어서 대항력이 없다고 판단했다.

이렇게 당당히 낙찰받은 뒤 임차인을 찾아갔지만 돌아오는 대답은 대항력이 있으니 나갈 수 없단 답변이었다. 인도명령을 신청했지만 기각되고 말았다. 甲 지분을 기준으론 대항력 없는 임차인이 맞지만, 乙과 丙 지분 기준으로 대항력 있는 임차인이었기 때문이다(乙 지분을 기준으로 말소기준등기는 2019년 1월 3일 가압류가 되고 丙 지분을 기준으로 말소기준등기는 2019년 5월 2일 근저당이 되므로 2018년 10월 2일 임차인 전입일이 각각의 말소기준등기보다 빨라 대항력 있는 임차인이 된다). 다급해진 丁은 乙과 丙을 찾아갔지만 협상이 수월치 않았다. 丁의 지분을 사가지도, 乙과 丙의 지분을 팔지도 않은 것이다. 할 수 없이 丁은 공유물분할청구소송을 거쳐 해당 주택을 경매에 넣게 되었다. 감정가는 3억 원이며 임차인은 배당요구를 하지 않았다.

유찰이 거듭되는 주택

자, 해당 주택의 운명은 어떻게 될까? 먼저 입찰자는 이 주택을 2억 5,000만 원에 낙찰받고 싶다면 얼마에 입찰해야 할까? 공유지분권자의 임차보증금 반환 책임에 있어서 판례는 '건물의 공유자가 공동으로 건물을 임대하고 보증금을 수령한 경우, 특별한 사정이 없다면 그 임대는 각자 공유지분을 임대한 것이 아니고 임대목적물을 다수 당사자로서 공동으로 임대한 것이고 그 보증금반환채무는 성질상 불가분채무에 해당한다고 보아야 할 것이다(대법원 98다43137 판결)'라고 했으므로, 임차인은 동의한 다수 공유지분권자 누구에게나 전체 보증금 전액의 반환을 청구할 수 있다.

乙과 丙 지분을 기준으로 임차인은 대항력이 있어 보증금 2억 1,000만 원을 인수해야 하므로 유찰이 거듭되길 기다렸다가 4,000만 원에 입찰해야 한다. 이 대금은 지분권자에게 1/3씩 배당될 터, 정은 5,000만 원에 매수하고도 일 년 동안 공유물분할소송을 거쳐 전체 경매를 넣었지만 결국 1,300만 원만 회수하는 처참한 결과를 얻었다.

한 지분권자의 권리가 깨끗할 때는 조심해야 한다

등기부 권리 \ 주택소유자	甲	乙	丙	丁
甲 지분	2018년 5월 2일 근저당			
乙 지분		2019년 1월 3일 가압류		
丙 지분			2019년 5월 2일 근저당	

앞선 사례에서 교훈을 얻은 투자자 戊는 임차인이 없는 지분물건을 공략하기로 결정, 물건을 검색한 끝에 甲, 乙, 丙, 丁이 각 1/4씩 소유하는 주택을 찾았다. 1/4의 甲 지분이 경매에 나왔는데, 해당 주택은 현재 비어 있고 거주하는 임차인이 없어 안심하고 입찰해도 좋을 듯 했다. 주택의 시세는 4억 원이고, 1/4 감정가는 1억 원이었다. 戊는 30% 유찰된 가격인 7,000만 원에 낙찰받아 부푼 기대를 안고 지분권자들을 만나러 갔다. 등기부에 표기된 지분권자의 주소로 찾아갔지만 어찌된 일인지 만나기가 쉽지 않았다. 우편을 보내도 응답도 없어 답답한 마음이 쌓여갔다. 그러다 丁을 만났지만 시큰둥한 답변에 戊의 감정이 상했다. 결국 戊는 공유물분할청구소송을 결정, 소송을 이어나갔다.

깜짝 등장한 임차인

이윽고, 공유물분할 판결이 났고 판결문을 통해 형식적 경매를 신청했다. 하지만 이게 웬일인가! 전에는 없던 임차인이 거주하는 것 아닌가! 임차인은 형식적 경매를 신청하기 전 이미 전입신고를 하고 살고 있었다. 임대차계약서에는 乙 + 丙 + 丁의 도장이 있었고 임대보증금은 3억 2,000만 원이며, 배당요구도 하지 않았다. 등기부 권리를 기준으로 보면 결국 임차인은 甲, 乙, 丙에겐 대항력이 없지만 丁에게는 대항력 있는 임차인이다. 등기부상 丁의 권리는 깨끗하므로 말소기준등기는 공유물분할을 위한 임의경매개시결정인데,

이보다 임차인의 전입일자가 빠르기 때문이다.

결과적으로 낙찰자는 3억 2,000만 원의 임차인의 보증금을 인수해야 하므로, 해당 주택을 3억 6,000만 원에 낙찰받을 심산이라면 유찰되길 기다렸다가 4,000만 원에 입찰해야 한다. 이렇게 매각이 되면 배당금액은 각 지분비율대로 1/4씩 이니 戊에게 배당되는 금액은 1,000만 원이다. 7,000만 원에 낙찰받아놓고 공유물분할소송을 거쳐 경매까지 진행됐지만 돌아오는 돈은 원금에도 훨씬 못 미치는 금액이다. 물론 乙, 丙, 丁이 서로 짜고 위장 임차인을 넣었을 가능성도 높다. 하지만, 이는 알 수 없는 일이다. 금융자료까지 미리 철저히 준비했을 경우 사해행위 소송까지 가더라도 승패는 알 수 없기 때문이다. 결국 시간만 허비하고 크게 손해를 봤으니 지분물건이라면 치를 떠는 것이다.

주택 전체에 최초의 금융권 근저당이 설정된 경우만 안전!

앞선 사례를 보니 어떤가? 미처 생각지 못했던 변수가 얼마든지 등장할 수 있겠다는 생각이 들지 않는가? 대항력 있는 임차인일 경우 보증금이 전액 배당되지 않으면 퇴거에 불응하므로 자칫 지분 낙찰자가 보증금 전액을 변제해주고 나머지 지분권자에게 구상권을 행사하는 경우가 심심치 않게 있다. 또한 임차인의 대항력이 없어 보이는 경우라도 반드시 지분권자대로 대항력 유무를 따져봐야 한다. 흔히 경매 나온 해당 지분만을 검토한 후 임차인의 대항력 유무를 판단하는데, 이는 매우 위험하다. 당장에야 대항력이 없어 보이지만, 해당 물건을 공유물분할로 인한 경매에 넣은 경우 나머지 지분에 대해 대항력이 있기 때문이다. 임차인이 배당요구를 하지 않을 경우 보증금을 인수해야하니 결국 해당 보증금만큼 낙찰가가 떨어질 수밖에 없다. 이는 애초에 지분을 낙찰받은 금액보다 턱없이 낮은 가격에 낙찰될 수 있어 손해가 크므로 조심해야 한다.

이처럼 지분경매는 임차인의 유무에 따른 대응방안을 고심해야 한다. 현재 보이는 권리만 따질 게 아닌 훗날 새로 등장할 권리에 따라 임차인의 지위가 어떻게 변할 수 있는지도 파악해야 한다. 결론적으로 안전한 지분경매를 낙찰받으려면 주택 전체에 최초의 고액 금융권 근저당권이 설정된 경우만 공략하는 게 안전하다. 금액이 적을 경우 채권이 변제되면 임차인의 대항력이 살아나는 경우가 있고, 개인 근저당은 금융권 근저당에 비해 신뢰도가 떨어질 수 있으니 안전하게 고액의 금융권 근저당권이 전체에 설정된 주택이 좋다.

임차인은 반드시 과반수 임대인과 계약해야 유효

임대차 계약 시 임차인은 반드시 과반수(51% 이상, 사람 수가 아닌 지분 비율임) 지분 임대인과 계약해야 유효하다. 만약 지분표시 없이 2인의 공동소유로 되어 있는 경우 2인 모두와 계약해야 하며, 지분 표시 없이 3인의 공동소유인 경우 2인 이상과 계약해야 한다. 과반수 지분 미만 임대인과의 계약은 무효이므로 임차인은 대항력을 주장할 수 없어 인도명령신청 대상이 된다.

실전 사례로 살펴보는 지분경매

토지 및 건물 지분 매각에서 수익 내는 법

부동산의 지분 매각은 토지 및 건물의 지분이 경매로 매각될 수도, 그중 일부 부동산의 지분만 경매로 매각될 수도 있는데 사례를 통해 구체적으로 알아보자.

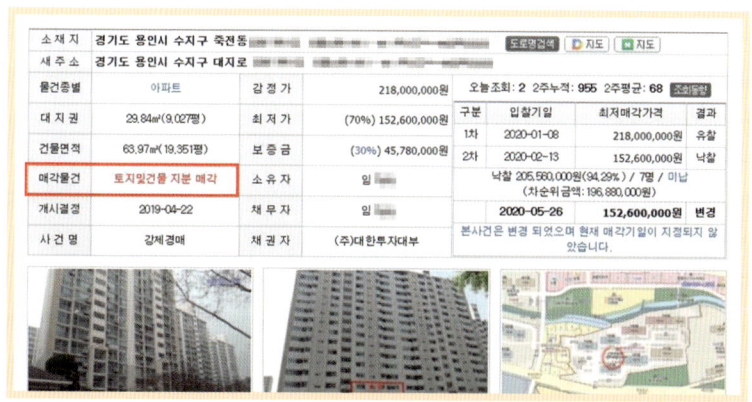

토지 및 건물 지분이 매각된 사례

용인시 수지구의 한 아파트 지분이 경매로 나왔다. 해당 아파트는 부부 공동소유로 전용면적 127㎡(공급 150㎡, 45평)이며 채무자 가족이 거주하고 있는 상태에서 남편의 지분 1/2이 경매로 나온 것이다. 해당 아파트의 시세는 4억 8,000만 원~5억 원이어서 1/2지분 비율로 보면 2억 4,000만 원~2억 5,000만 원의 가치가 있다. 입찰기록을 보면 7명의 입찰자 중 약 2억 원에 낙찰이 되어 1/2지분 비율로 보면 약 4,000만 원 내외 저렴하게 낙찰받은 셈이다. 다만, 잔금을 미납해서 다시 재매각으로 등장했는데, 잔금 미납 사유는 여러 가지겠지만 가장 큰 원인은 대출이 실행되지 않으니 전액 자기자본으로 준비해야 한다는 점이 미납 원인인 듯 추정한다. 결과적으로 재매각으로 등장해 다음 입찰자 수는 기존보다 적어질 것으로 보여 더욱 낮은 가격에 낙찰받을 수 있을 것이다. 이렇듯, 지분물건은 온전한 물건에 비해 더욱 저렴하게 부동산을 소유할 수 있다는 장점이 있다.

지분 범위와 면적을 확인할 것

지분 입찰 시 유념해야 할 사항은 매각물건의 지분 범위와 면적이다. 앞선 사례처럼 '토지 및 건물 지분 매각'인 경우 '및'은 'and'와 같은 개념으로 토지+건물의 지분을 뜻한다. 집합건물은 '집합건물의소유및관리에관한법률'에 따라 토지의 지분이 대지권화 해서 건물과 일체화한 상태로 거래되지만, 그 외 부동산은 토지와 건물이 별개 소유라서 간혹 토지와 건물이 있는 상태에서 토지 지분만 매각되거나 건물 지분만 매각되는 경우가 있다. 따라서 매각물건을 상세히 살펴 취득하는 지분의 범위가 어디인지, 취득하는 면적은 어느 정도인지 확인한 후 입찰가를 산정해야 한다. 일례로 부부 공동소유인 경우 1/2 지분이 경매로 나오는 경우가 많지만, 상속인 경우 2/7, 2/9, 2/11 등의 여러 형태의 지분이 경매로 진행되는 경우가 많아 경매 나온 지분의 범위와 면적을 정확히 숙지하고 입찰해야 실수가 없다.

지분권자와 협상하는 법

부동산 매수자는 한 명이면 된다. 아무리 많은 사람이 있더라도 내 물건을 외면하면 팔리지 않으며, 소수라도 살 사람이 존재하면 내 물건은 팔리게 된다. 다만, 현실적으로 누가 사줄지 알 수 없으므로 다수가 원하는 물건이 팔릴 확률이 높음은 두말할 나위 없다. 투자자는 입찰 전 항상 출구를 생각해야 한다. 누가 사줄지 말이다. 만약 사주지 않을 땐 어떻게 대응할지도 계획을 세워야 한다.

1. 상대 지분권자에게 판다

지분을 낙찰받는 큰 목적은 상대 지분권자에게 매도하기 위해서다. 앞선 아파트 사례의 경우 공유자우선매수가 들어오지 않았으므로 약 2억 원에 낙찰받은 지분을 2억 2,500만 원 상당으로 상대 지분권자에게 매도한다. 시세가 4억 8,000만 원 가량이므로 시세보다 저렴한 가격에 인수하면 상대방도 이득이다. 다만, 자금이 부족해 지분을 인수하지 못하는 경우 대출을 이용하면 좋다. 1/2지분일 때는 대출이 어렵지만 두 지분이 합해져 온전한 소유권이 되면 대출이 가능하기 때문이다. 따라서 입찰하기 전에 상대방이 인수할 수 있는 상황인지를 미리 파악해야 한다. 등기부를 살펴 상대 지분에 권리관계가 깨끗하다면 인수할 확률이 높지만, 상대 지분에도 가압류 및 압류 등이 설정되는 등 권리관계가 복잡하다면 인수하지 못할 가능성이 높다.

2. 상대 지분권을 사들인다

2억 2,500만 원에 지분을 인수하지 않는다면 상대방 지분을 같은 가격에 사들인다. 이 가격을 상대방이 거절한다면 2억 3,000만 원까지는 협상의 여지가 있을 것이다. 2억 3,000만 원에도 사더라도 기존 1/2지분을 2억 원 가량 낙찰받았으므로 시세 대비 5,000여만 원 저렴하게 전체 지분을 확보한 셈이다.

3. 모든 제안을 거부하면 공유물분할청구로 진행한다

상대 지분권자가 매도 및 매수 제안을 모두 거부하면 공유물분할청구를 통해 판결을 받아 형식적 경매인 공유물분할경매를 진행한다. 경매로 매각하다보니 아무래도 시세보다 낮은 가격에 낙찰될 것이므로 상대 지분권자의 손해가 클 것이다. 물론 기존 1/2 낙찰자의 수익도 줄어들 수 있으나 지분경매가 아니므로 낙찰가의 하락 폭은 크지 않을 것이다(이런 이유로 사전에 지분 입찰할 때 훗날 전체 부동산을 공유물분할경매로 진행해도 손해 보지 않을 가격에서 낙찰받아야 한다). 공유물분할청구에 의한 경매이므로 양측 모두 공유자우선매수권은 없고 매각대금을 지분 비율로 나눠 배당받는다.

건물 전부 및 토지 지분 매각에서 수익 내는 법

겉으론 지분 매각처럼 보이지만 실제는 지분이 아닌 경우가 있는데 사례를 통해 알아보자.

1. 경기도 화성시 단독주택

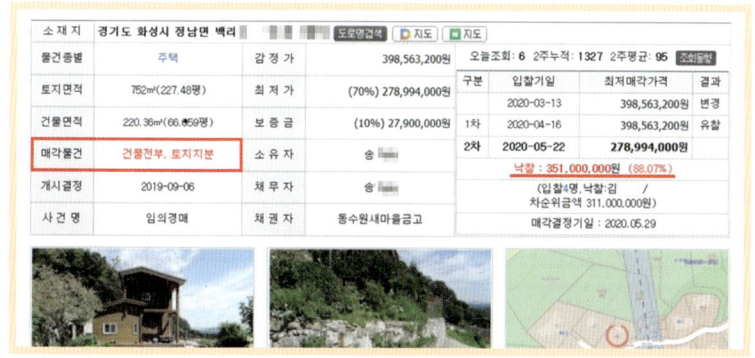

건물 전부와 토지 지분이 경매로 나왔다

화성시에 위치한 2층 단독주택이 경매에 등장했다. 매각물건은 '건물 전부, 토지 지분'으로 표시되어 있어 얼핏 건물은 전부 매각이지만 토지는 일부만 매각되는 것처럼 보인다. 토지와 건물 면적을 온전히 취득해야 소유권 행사에 문제가 없는 만큼 해당 물건은 지분이란 이유로 꺼려질 수 있다. 하지만 그러지 않아도 된다. 왜냐하면 무늬만 지분인 물건이기 때문이다.

목록		지번	용도/구조/면적/토지이용계획	㎡당 단가 (공시지가)	감정가	비고
토지	1	백리4 -18	성장관리권역.가축사육제한구역.계획관리지역	대 680㎡ (205.7평)	390,000원 (205,600원)	265,200,000원	
	2	백리4 -20	성장관리권역.가축사육제한구역.계획관리지역	대 72㎡ (21.78평)	129,000원	9,288,000원	전체면적362㎡ 중 갑구6번 송 지분72/3 62 매각
			면적소계 752㎡(227.48평)		소계 274,488,000원	
건물	1	백리4 -18 경량철골구조 판넬지붕	1층 단독주택	101.99㎡(30.852평)	745,000원	75,982,550원	• 사용승인:2013.06.26 • 유류 온수보일러시설
	2		2층 단독주택	57.07㎡(17.264평)	745,000원	42,517,150원	• 사용승인:2013.06.26 • 유류 온수보일러시설
			면적소계 159.06㎡(48.116평)		소계 118,499,700원	

매각물건 목록

매각물건 목록을 보면 토지 두 필지와 건물의 매각인데, 지번을 확인해보면 전체 면적이 매각되는 4○○-18번지 토지 위에 건물이 온전히 자리잡고 있다. 그리고 4○○-20번지 토지만 72/362 지분이 매각되는 형태다. 즉, 검토해보면 이 건물은 건축할 당시 4○○-20번지 토지를 도로로 사용하기 위해 해당 지분만큼 매수한 것이다. 이는 전원주택단지 등을 건축할 때 많이 사용하는 형태다. 이와 비슷한 사례는 또 있다.

2. 경기도 김포시 단독주택

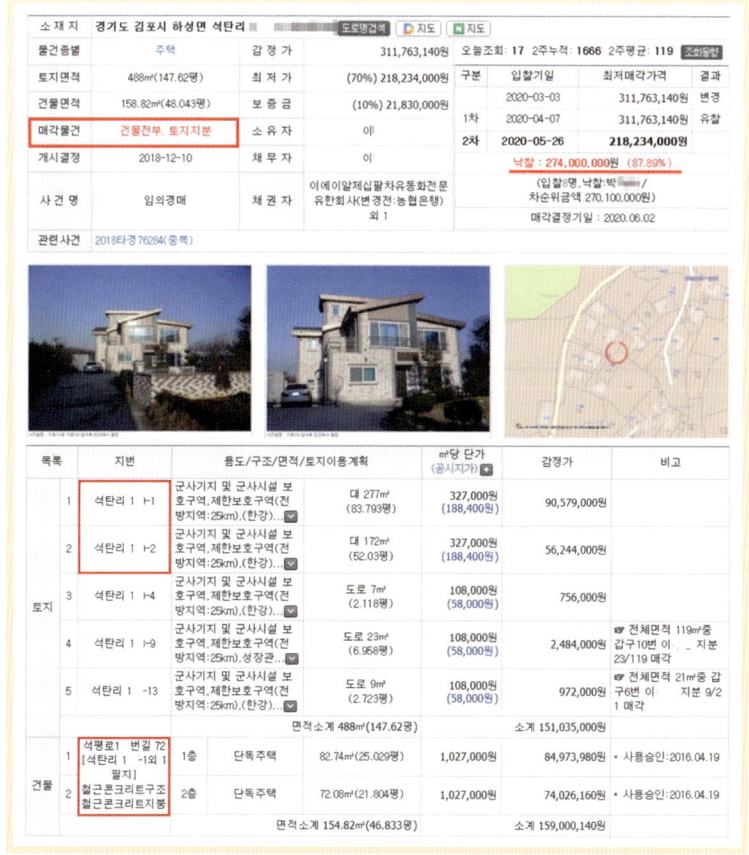

'건물 전부, 토지 지분'형태로 매각된 단독주택

김포시에 위치한 단독주택이 건물 전부, 토지만 지분으로 경매에 등장했는데, 매각물건 목록을 살펴보면 앞의 경우와 같이 건물이 위치한 토지는 전부 매각되며 도로만 지분으로 매각되는 형태다. 겉으로 보면 지분물건인 듯 보이지만 실제론 건물이 속한 온전한 토지 면적과 도로 지분까지 확보하므로 일반 매각물건과 다름이 없이 소유권 행사에 제약이 없고 대출도 실행된다.

3. 충남 공주시 단독주택

'건물 전부, 토지 지분'형태로 매각된 단독주택

충남 공주시에 위치한 단독주택도 마찬가지다. 5억 원이 넘는 감정가에서 50% 이상 저감된 가격으로 유찰된 이유는 '건물 전부, 토지 지분' 매각 형태기 때문이다. 이 토지는 계획관리지역이라 생산 및 보존관리지역보다 건폐율 및 용적률이 높고 단독주택뿐만 아니라 모텔, 창고 등 건축 가능한 종류가 많아 가치가 높은 땅이다. 실상은 온전한 매각임에도 경매 매각물건 상에 적힌 지분 매각이란 표시 때문에 입찰자 수가 줄어들어 저렴하게 낙찰받을 수 있다.

지분 낙찰자가 구상권을 행사한 사례

소재지	서울특별시 강서구 화곡동 ▒▒▒ 도로명검색 🅳지도 🅳지도				오늘조회: 1 2주누적: 0 2주평균: 0 조회동향			
물건종별	주택	감 정 가		124,136,352원	구분	입찰기일	최저매각가격	결과
					1차	2012-04-30	124,136,352원	유찰
토지면적	32.4㎡(9.801평)	최 저 가		(33%) 40,677,000원	2차	2012-06-05	99,309,000원	유찰
					3차	2012-07-10	79,447,000원	유찰
					4차	2012-08-14	63,558,000원	유찰
건물면적	59.025㎡(17.855평)	보 증 금		(20%) 8,140,000원	5차	2012-09-18	50,846,000원	낙찰
					낙찰 53,159,000원(42.82%) / 2명 / 미납 (차순위금액:50,855,000원)			
매각물건	토지및건물 지분 매각	소 유 자		최상▒	6차	2012-11-28	50,846,000원	유찰
					7차	2013-01-08	40,677,000원	
개시결정	2011-12-01	채 무 자		최상▒	낙찰 : 45,210,000원 (36.42%)			
					(입찰2명,낙찰:양천구 김병▒ / 차순위금액 40,677,000원)			
사 건 명	강제경매	채 권 자		삼성카드(주)	매각결정기일 : 2013.01.15 - 매각허가결정			
					대금지급기한 : 2013.02.22			
					대금납부 2013.02.20 / 배당기일 2013.03.26			
					배당종결 2013.03.26			

토지 및 건물 지분이 매각된 사례

해당 주택의 모습

2층 다가구주택의 지분이 경매에 나왔다. 해당 주택은 상속을 원인으로 4명이 공동소유하고 있었고, 그중 2/9에 해당하는 지분이 경매에 등장한 것이다. 당시 1억 2,000만 원의 감정가인 지분을 약 4,500만 원에 낙찰받았으니 가격으로만 보면 매력적인 낙찰가다. 아마도 낙찰자는 나머지 지분권자와의 협의를 통해 해당 지분을 매수하길 바랐을 터다. 하지만 그 후 진행된 내역을 보면 협의가 쉽게 이뤄지진 않은 듯하다.

No	접수	권리종류	권리자	채권금액	비고	소멸여부
1	2003.10.14	소유권이전(상속)	최경■외3명		최경■지분3/9,최계■, 최덕■,최상■지분 각 2/9	
2	2011.10.20	최상■지분가압류	신한카드(주)	10,230,431원	말소기준등기	소멸
3	2011.12.01	최상■지분강제경매	삼성카드(주)	청구금액: 4,732,620원	2011타경■	소멸
4	2011.12.08	최상■지분강제경매	신한카드(주)	청구금액: 10,162,848원	2011타경■	소멸
5	2012.01.13	최상■지분가압류	교보생명보험(주)	25,045,173원		소멸

해당 건물 등기부 내역(토지 등기부도 동일 내역임)

건물 등기부를 보면 지분의 말소기준등기가 2011년 10월 20일의 가압류다. 해당 주택에는 임차인이 거주하고 있었는데 이 말소기준등기보다 전입일자가 빨라 대항력 있는 임차인의 보증금이 9,200만 원이다. 이에 대해 낙찰자는 2/9만큼 변제 책임을 지지만 현실적으로 주택을 인도받기 위해선 임대차 보증금 전액을 지급해야 한다. 대항력있는 임차인은 보증금을 전액 반환받을 때까지 점유할 권리가 있기 때문이다. 다만, 매수인은 자기 지분을 초과하는 임대차 보증금에 대해서는 나머지 공유자에게 구상권을 행사할 수 있다.

임차인	점유부분	전입/확정/배당	보증금/차임	대항력	배당예상금액	기타
강명■	주거용 미상	전 입 일: 2011.03.02 확 정 일: 미상 배당요구일: 없음	미상		배당금 없음	
곽진■	주거용 지층 방1칸	전 입 일: 2012.01.03 확 정 일: 2011.12.07 배당요구일: 2012.01.09	보21,000,000원	없음	우선배당금없음	경매등기후 전입신고
김민■	주거용 미상	전 입 일: 2010.11.23 확 정 일: 미상 배당요구일: 없음	미상		배당금 없음	
김영■	주거용 미상	전 입 일: 2010.08.02 확 정 일: 미상 배당요구일: 없음	미상		배당금 없음	
김철■	주거용 미상	전 입 일: 2011.06.21 확 정 일: 미상 배당요구일: 없음	미상		배당금 없음	
박봉■	주거용 지층 102호	전 입 일: 2007.04.19 확 정 일: 미상 배당요구일: 없음	보21,000,000원	있음	낙찰자인수	
오준■	주거용 1층 203호	전 입 일: 2010.06.10 확 정 일: 2010.06.10 배당요구일: 없음	보50,000,000원	있음	낙찰자인수	
최계■	주거용 미상	전 입 일: 2011.02.05 확 정 일: 미상 배당요구일: 없음	미상		배당금 없음	
임차인수: 8명, 임차보증금합계: 92,000,000원						

해당 주택의 임차인 내역(인수하는 보증금이 9,200만 원임)

나머지 공유자와 협의가 잘되면 문제가 없지만, 나 몰라라 하는 경우 우선 급한 쪽이 임차인 보증금을 반환해주고 구상권을 행사할 수밖에 없다. 이 주택도 향후 처리과정을 보니 낙찰자가 임차인 보증금 전액을 변제해주고 이를 채권으로 소송, 판결받아 나머지 지분들을 강제경매 신청했다.

4년 후 경매 나온 나머지 지분들

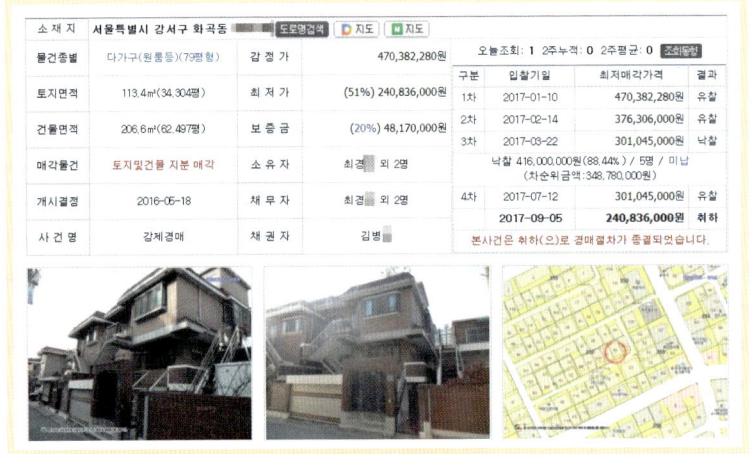

경매에 등장한 나머지 지분들

등기부를 보면 지분 낙찰자가 나머지 지분권자들에게 임차보증금의 구상권을 행사한 걸 볼 수 있다

경매 신청 시기를 보면 낙찰받고 자그마치 4년이 넘도록 해결이 지지부진한 듯 보인다. 이렇듯 지분물건은 상대방이 협상에 응하지 않는 경우와 대항력 있는 임차인이 있는 경우엔 여러 가지 난항이 예견되므로 입찰 전에 충분히 여러 상황을 염두에 두고 들어가야 한다. 그저 '상대 지분권자가 사주겠지' 하는 생각으로 접근하면 생각보다 길어지는 해결 시간 동안 몸과 마음이 지칠 수 있다.

공유 지분물건의 함정

지분물건에 도전하는 경매인들을 보면 지분만큼 물건을 취득한다고 단순하게 생각하는 경향이 많다. 물론 이는 맞는 말이나, 임차인의 권리까지 지분만큼 취득하는 건 아니란 점에서 문제가 발생한다. 다음의 실제 경매 사례를 통해 낙찰자가 어떤 함정에 빠졌는지 살펴보자.

경매 진행 내역

● 등기부현황						
No	접수	권리종류	권리자	채권금액	비고	소멸여부
1(갑7)	2015.11.04	소유권이전(매매)	최숙██외8명	최숙██, 최현██, 최선██, 최순██, 최성██ 각각 지분 9/54, 김혜██ 지분 3/54, 최유██, ██.최은██, ██.최은██ 각각 지분 2/54		
2(갑8)	2015.11.19	최성██지분강제경매	(주)유진대부금융 (법무팀)	청구금액: 49,308,834원	말소기준등기 2015타경██	소멸

임차인 및 등기부 현황

    이 물건에서 가장 중요한 것은 임차인의 대항력이다. 즉, 임차인이 배당요구했으므로 매각대금에서 경매 집행비용을 뺀 금액이 임차인에게 배당된다. 7,000만 원의 보증금 중 미배당되는 5,500만 원 정도를 인수해야 하는 상황이다. 지분물건이라도 지분만큼 인수하는 것이 아니라 전체를 인수해야 하고 나머지 소유자들에게 구상권을 청구해야 하는데, 다행히도 이 임차인은 낙찰자에게 보증금 반환을 요구하지 않았다. 그 이유를 추정해보면 이 임차인은 대항력이 있으므로 나머지 지분이 처리될 동안 이 아파트에 편안히 살 수 있기 때문이다.

    이 당시 아파트의 시세는 약 1억 6,000만 원, 전세는 약 1억 4,000만 원 정도였다. 배당요구하고 낙찰자에게 보증금을 돌려받아 봐야 그 돈으로는 현재 아파트와 유사한 아파트로 전세를 들어갈 수 없으므로 낙찰자에게 굳이 보증금을 돌려 달라고 하지 않은 것이다. 만약 임차인이 보증금을 물어 달라고 하면 소수지분 낙찰자일지라도 5,500만 원 전액을 물어줘야 한다. 이후 낙찰자는 공유물분할청구소송을 제기한 후 판결문에 기해서 전체경매를 진행시켰다.

공유물분할소송을 통해 전체 면적을 경매에 넣다

공유물분할을 위한 경매 결과 내역

임차인 및 등기부 현황

이 사례를 세 사람(현 낙찰자, 임차인, 전 낙찰자)의 관점에서 분석해 보자. 먼저 이번 낙찰자는 감정가 1억 7,500만 원의 아파트를 1억

4,500만 원에 낙찰받았다. 전 경매에서 대항력 있는 임차인의 미배당 보증금이 5,500만 원 있는데, 이번 경매에서 배당요구를 하지 않았으므로 현 낙찰자는 임차인의 보증금 5,500만 원을 물어줘야 한다. 그러니 결과적으로 약 2억 원에 낙찰받은 꼴이 되어 비싸게 산 상황이 되어 버렸다.

다음으로 임차인의 입장을 보면, 자신의 남은 계약기간 동안 거주하다 현 낙찰자로부터 나머지 보증금 돌려받고 나가면 된다. 결국 이 임차인은 전세 1억 4,000만 원 짜리 아파트에서 5,500만 원으로 살다가 나가는 것이다. 저렴한 보증금으로 더 길게 거주할 수 있었으니 경매로 인해 이득을 본 것이라 할 수 있다.

마지막으로 전 낙찰자의 입장을 보자. 이전 경매에서 아파트 1/6 지분을 1,970만 원에 낙찰받았고, 이번 경매에서는 전체지분이 1억 4,500만 원에 낙찰되었다. 지분 비율만큼 배당받으므로 1/6에 해당하는 배당액은 약 2,400만 원으로 얼핏 보면 수 약 400만 원 가량 수익이 나는 것처럼 보인다. 하지만 지분 낙찰 후 공유물분할청구소송을 진행한 후 다시 경매를 신청해서 배당받는 동안 시간은 약 1년 6개월 정도 소요됐으며, 그동안 취득세, 소송비, 경매 진행비, 법무비 등을 감안하면 아마도 손해가 났을 듯하다. 이처럼 선순위 임차인이 거주하는 공유 지분물건은 자칫 보증금 전액을 물어줄 수 있다는 점, 임차인이 계속 거주해서 보증금을 물어주지 않더라도 협의가 되지 않으면 공유물분할소송을 통해 경매 진행까지 시간이 오래 소요될 수 있다는 점, 그사이 여러 소요비용으로 인해 오히려 손실이 날 수 있다는 점을 고려해 신중히 접근하도록 하자.

대박 패턴의 지분물건

　공유 지분물건을 낙찰받아 높은 수익을 내기 위해서는 다음과 같은 패턴의 물건을 찾아 공략해야 한다.

　첫째, 아파트가 좋다. 다른 부동산들은 다양한 변수가 존재해 시간이 오래 걸리는 경우가 많다. 그사이 추가 비용이 발생하며 소송의 확률이 높아져 결국 수익성이 떨어지게 된다.

　둘째, 지분의 구성원이 부부인 경우가 좋다. 상속지분인 경우 지분권자가 많아 추후 처리하는데 시간과 비용이 훨씬 많이 든다. 부부 지분의 경우 운이 좋으면 상대 지분권자가 일반매매로 매수해주는 보너스를 얻을 확률이 높다.

　셋째, 임차인이 없고 공유자가 점유하고 있는 물건이 차후 변수가 없다. 임차인이 있는 경우 낙찰받을 시에는 대항력이 없지만, 추후 나머지 지분을 공략할 때 대항력이 생겨 처리 불능인 물건이 될 수도 있기 때문이다.

　넷째, 지분물건을 공략하는 가장 큰 이유는 나머지 지분을 경매로 낙찰받아 하나의 온전한 물건을 만들기 위함이다. 따라서 등기부상의 첫 번째 근저당권이 모든 지분권 위에 설정된 전체 근저당권인 물건을 찾아 공략해야 한다. 이 조건이 갖춰지지 않으면 나머지 지분을 낙찰받는 것이 보장되지 않기 때문이다. 임차인이 있다면 나머지 지분에 대항력이 있을 수도 있고, 그렇게 되면 나머지 지분권자와 동등하게 보증금을 변제해야하므로 협상에서 유리한 고지를 점유할 수가 없다.

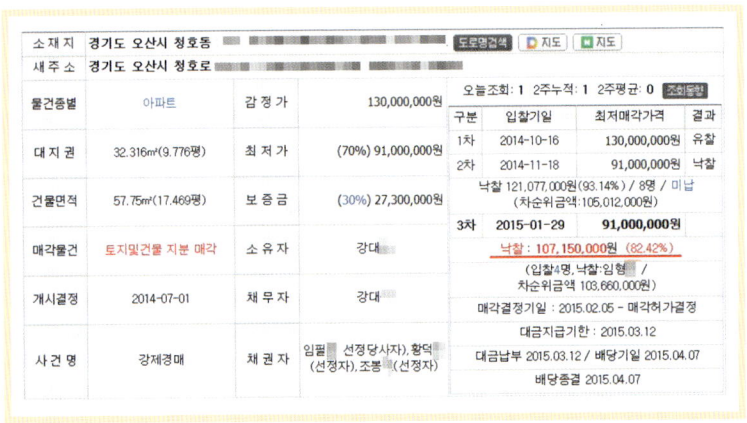

이 경매 물건을 보면 아파트고, 부부 공동명의 중 남편의 1/2지분이 경매에 나온 경우다. 임차인 없이 소유자 세대가 거주 중이며 등기부상 1순위로 인○신협 근저당권이 전체 면적에 설정돼 있다. 앞서 말한 대박 패턴의 물건인 것이다. 이 사례에서 보면 인○신협의 근저당이 가장 중요하다. 이번에 강제경매로 진행된 1/2지분이 매각되면 매각대금에서 1순위 인○신협이 배당받지만, 배당금액이 부족하므로 조만간 인○신협에서 나머지 지분을 경매로 진행시킬 것이다. 이렇게 나머지 지분이 경매 나오면 전 낙찰자는 공유자우선 매수를 신청해서 나머지를 자동으로 낙찰받을 수 있다. 또한 지분의 특성상 처음 지분보다는 후에 나오는 지분이 더 낮게 낙찰되는 경향이 있다. 좋은 물건임을 알아채고 필자도 이 물건에 입찰했으나 낙찰을 받지는 못했다. 후에 보니 필자의 계획처럼 이 물건 낙찰자가 차후 다시 나머지 지분이 경매에 나오자 공유자 우선 매수로 낙찰받았다.

소재지	경기도 오산시 청호동						
새 주소	경기도 오산시 청호로				도로명검색	지도	지도
물건종별	아파트	감정가	139,000,000원	오늘조회: 1 2주누적: 0 2주평균: 0			조회동향
대지권	32.32㎡(9.777평)	최저가	(70%) 97,300,000원	구분	입찰기일	최저매각가격	결과
				1차	2016-10-13	139,000,000원	유찰
건물면적	57.749㎡(17.469평)	보증금	(10%) 9,730,000원	2차	2016-11-15	97,300,000원	
				낙찰 : 101,100,000원 (72.73%)			
매각물건	토지및건물 지분 매각	소유자	신애	(입찰2명, 낙찰:임형 / 공유자우선매수) / 차순위금액 97,300,000원 / 차순위신고			
개시결정	2016-03-16	채무자	신애	매각결정기일 : 2016.11.22 - 매각허가결정 대금지급기한 : 2016.12.29			
사건명	임의경매	채권자	인천항신협	대금납부 2016.12.01 / 배당기일 2017.01.09 배당종결 2017.01.09			

결국 이 낙찰자는 하나의 온전한 물건을 만드는 데 성공했으며, 총낙찰금액은 약 2억 800만 원이 들었는데, 이 아파트의 동일 물건 낙찰사례가 2억 7,500만 원임을 감안하면 일반 경매 물건보다 6,500만 원의 수익을 더 올린 것이다. 따라서 독자들도 이런 패턴의 물건을 공략해야 큰 수익을 올릴 수 있으니 한 번 도전해 보길 바란다.

끝으로 한 가지 덧붙이자면, 재매각으로 나온 지분을 공략하면 훨씬 더 큰 수익이 난다. 우선 이전 경매에서 공유자가 우선 매수하면 이번 재매각에서는 우선 매수권이 없기 때문에 더 안정적으로 낙찰받을 수 있고, 정상 매각보다 재매각의 낙찰가격이 더 낮기 때문이다.

Part 5

법정지상권 편 :
원리만 알면 쉽게 풀리는 마법의 공식

한눈에 이해하는 법정지상권, 관습법상 법정지상권

초보자도 쉽게 배우는 법정지상권의 이해

　법정지상권(관습법상 법정지상권 포함)은 여러 가지 특수물건 중에 독자들이 가장 어려워하는 특수물건이라고 생각한다. 하지만 이 권리들은 몇 가지 기준을 갖고 판단하면 수학 공식처럼 명료하게 풀리는 점이 있으니 처음부터 겁먹지 말고 차근차근 배워나가기를 당부한다.

법정지상권이란?

　일반적으론 본인 소유의 토지 위에 건물을 지어 토지와 건물의 소유자가 동일인인 경우가 많다. 이런 경우 거래 역시 토지와 건물이 한꺼번에 이뤄지는 게 보통이다. 하지만 꼭 이런 형태의 거래만 있는 것은 아니다. 우리 민법은 토지와 건물을 각각 별개의 소유권으로 보아 다른 사람의 토지 위에 건축물을 짓는 경우도 생긴다. 이때 다른 사람의 토지를 점유하기 위해서는 정당한 권원이 있어야 한다. 토지를 임차하든가 지상권이나 전세권을 가지는 등으로 말이다. 건물 소유주의 이런 권리는 토지 소유자와의 계약으로 인해 생긴다.

그런데 계약이 없더라도 일정한 요건 하에서 건물 소유자가 그 건물의 소유를 위해 해당 토지를 사용할 권리를 법으로 인정해주는 경우가 있는데, 이를 '법정지상권'이라고 한다. 즉, 이는 소유자가 아니더라도 남의 토지를 법적으로 사용할 수 있는 권리를 말하는 것으로, 민법 제 366조에서 이를 뒷받침하고 있다. 다만 법에는 한 조항밖에 없어 세부 성립요건은 판례를 통해 정립되었다.

민법 제366조(법정지상권)

저당물의 경매로 인하여 토지와 그 지상건물이 다른 소유자에 속한 경우에는 토지 소유자는 건물 소유자에 대하여 지상권을 설정한 것으로 본다. 그러나 지료는 당사자의 청구에 의하여 법원이 이를 정한다.

법정지상권 4가지 성립요건
(4가지 모두 충족할 것)

1. 저당권 설정 당시부터 건물이 존재해야 한다.
2. 저당권 설정 당시 토지와 건물이 동일인 소유여야 한다.
3. 토지와 건물 어느 하나에 저당권이 설정되어 있거나 또는 양쪽 모두에 저당권이 설정되어 있어야 한다.
4. 토지와 건물 중 하나가 (임의)경매로 소유자가 달라져야 한다.

판례로 살펴보는 법정지상권 4가지 성립요건

1. 저당권 설정 당시 토지상에 건물이 존재할 것

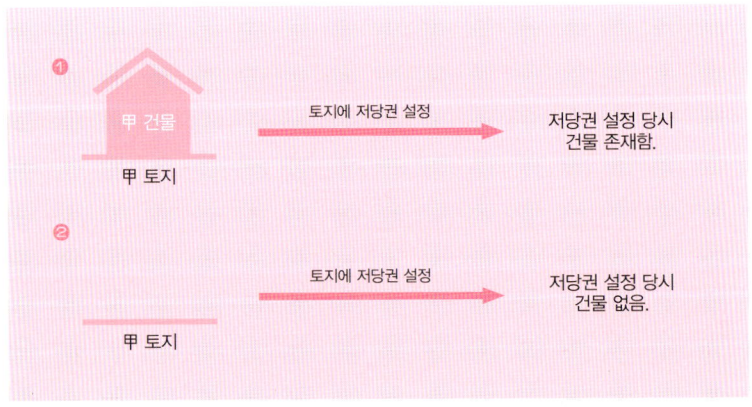

예시 ①의 경우 甲 토지 위에 甲 건물이 있고 그 이후 토지에 저당권 설정이 된 경우로, 법정지상권 성립요건인 '저당권 설정 당시 토지상에 동일인 소유의 건물이 존재'하는 경우에 딱 들어맞는다.

예시 ②의 경우 甲 토지만 있고 건물이 존재하지 않는 상태에서 해당 토지에 저당권 설정이 되었다. 저당권 설정 당시 토지상에 건물이 존재하지 않아 법정지상권 성립요건이 맞지 않는 경우다. 또한 저당권 설정 이후에 건물이 신축이 됐더라도 저당권 설정 당시 건물이 존재하지 않으면 법정지상권이 성립되지 않는다. 더욱 이해가 쉽도록 다음의 판례를 통해 알아보자.

■ 저당권 설정 당시 건물이 없었다면 인정 안 됨.

민법 제366조의 법정지상권은 저당권 설정 당시부터 저당권의 목적되는 토지 위에 건물이 존재할 경우에 한해 인정되며 건물 없는 토지에 대하여 저당권이 설정된 후 저당권설정자가 그 위에 건물을 건축하였다가 임의경매 절차에서 경매로 인하여 대지와 그 지상건물이 소유자를 달리하였을 경우에는 이 법조 소정의 법정지상권이 인정되지 아니할 뿐만 아니라 관습상의 법정지상권도 인정되지 않는다(대법원 92다 20330판결).

■ 무허가 건물이거나 미등기 건물인 경우에도 인정됨.

토지와 그 지상의 건물이 동일한 소유자에게 속하였다가 토지 또는 건물이 매매나 기타 원인으로 인하여 양자의 소유자가 다르게 된 때에는 그 건물을 철거하기로 하는 합의가 있었다는 등의 특별한 사정이 없는 한 건물 소유자는 토지 소유자에 대해 그 건물을 위한 관습상의 지상권을 취득하게 되고, 그 건물은 반드시 등기가 되어 있어야만 하는 것이 아니고 무허가 건물이라고 하여도 상관이 없다(대법원 91다16631 판결).

건물이 그대로 존속함에도 등기기록에 멸실의 기입이 이뤄지고 이를 이유로 등기기록이 폐쇄된 경우도 법정지상권이 인정된다(대법원 2012다108634 판결).

■ **건물의 기준은 최소한(최하층)의 기둥, 지붕, 벽**

민법 제366조의 법정지상권은 저당권 설정 당시 동일인의 소유에 속하던 토지와 건물이 경매로 양자의 소유자가 다르게 된 때에 건물의 소유자를 위하여 발생하는 것으로, 토지에 관하여 저당권이 설정될 당시 토지 소유자에 의하여 그 지상에 건물이 건축 중이었던 경우 그것이 사회관념 상 독립된 건물로 볼 수 있는 정도에 이르지 않았다 하더라도 건물의 규모, 종류가 외형상 예상할 수 있는 정도까지 건축이 진전되어 있었고, 그 후 경매 절차에서 매수인이 매각대금을 다 낸 때까지 최소한의 기둥과 지붕 그리고 주벽이 이루어지는 등 독립된 부동산으로써 건물의 요건을 갖춘 경우에는 법정지상권이 성립한다(대법원 2010다67159 판결).

2. 저당권 설정 당시 토지와 건물이 동일인 소유일 것

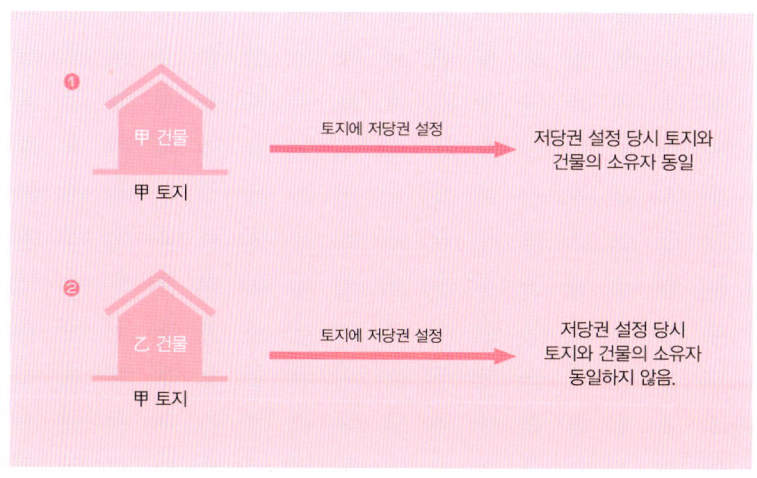

예시 ①의 경우 토지에 저당권 설정 당시 甲 토지 위에 甲 건물이 있어 토지와 건물이 동일인 소유다. 따라서 성립요건인 '저당권 설정 당시 토지와 건물이 동일인 소유'에 들어맞다.

예시 ②의 경우 토지에 저당권 설정 당시 甲 토지 위에 을 건물이 있어 토지와 건물이 소유자가 달라 법정지상권이 성립되지 않는다(차지권에 의한 대항력은 뒤 페이지에 기술). 이해가 쉽도록 구체적인 판례를 통해 세부 내용을 살펴보자.

■ 저당권 설정 당시에만 동일인이면 충분

토지와 건물이 저당권 설정 당시 동일인의 소유에 속하고 있었으면 충분하고, 그 후 계속 동일 소유자에게 속해야 하는 것은 아니다(대법원 99다52602 판결).

토지나 건물의 소유자가 부모 자식, 형제, 부부 등의 관계에 있더라도, 다른 소유자에 속함은 변함이 없으므로, 법정지상권은 성립하지 않는다.

■ 소유권 이전등기와 법정지상권 관계

민법 제366조의 법정지상권은 저당권 설정 당시에 동일인의 소유에 속하는 토지와 건물이 저당권의 실행에 의한 경매로 인하여 각기 다른 사람의 소유에 속하게 된 경우에 건물의 소유를 위하여 인정되는 것이므로, 미등기 건물을 그 대지와 함께 매수한 사람이 그 대지에 관해서만 소유권이 전등기를 넘겨받고 건물에 대해서는 그 등기를 이전받지 못하고 있다가, 대지에 대해 저당권을 설정하고 그 저당권의 실행으로 대지가 경매되어 다른 사람의 소유로 된 경우에는, 그 저당권의 설정 당시에 이미 대지와 건물이 각각 다른 사람의 소유에 속하고 있었으므로 법정지상권이 성립될 여지가 없다(대법원 2002다9660 판결). 다소 문장이 어려우므로 이해하기 쉽게 그림을 통해 보자.

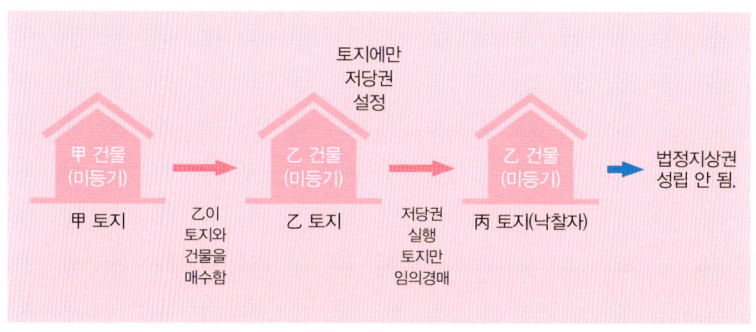

해석 : 저당권 설정 당시 토지는 乙 소유, 건물은 乙의 미등기로 인해 甲 소유(원시취득자)이므로 토지와 건물이 동일인 소유가 아녀서 법정지상권이 성립되지 않는다(乙이 토지와 미등기건물을 매수할 당시 甲과 乙 사이에서만 건물이 乙 소유이고, 제3자에게는 여전히 甲의 소유다).

3. 토지와 건물 어느 하나에 저당권이 설정되어 있거나 또는 양쪽 모두에 저당권이 설정되어 있어야 한다.

적어도 토지와 건물 어느 하나에 (근)저당권이 설정되어 있어야지 다른 권리가 설정되어 있거나 저당권이 설정되어 있지 않으면 법정지상권이 성립할 수 없다. 이해가 쉽도록 그림을 통해 알아보자.

① 토지와 건물 중 어느 하나에 저당권이 설정된 경우

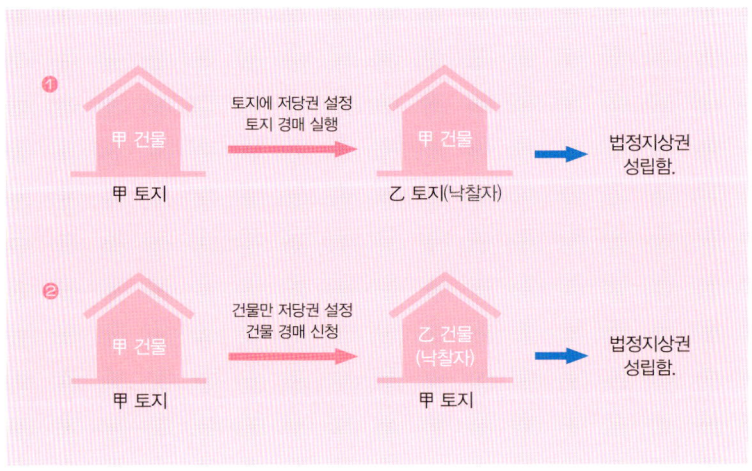

② 토지와 건물에 공동저당권이 설정된 후 둘 중 하나만 경매 진행된 경우

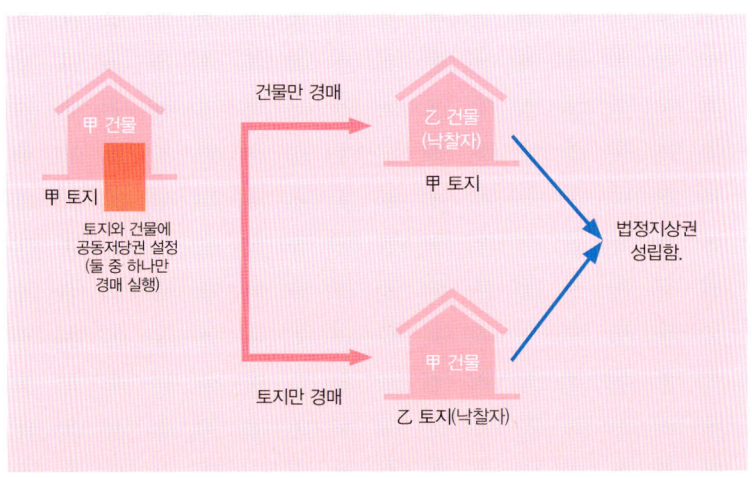

③토지와 건물 각각에 독립된 저당권이 설정된 경우

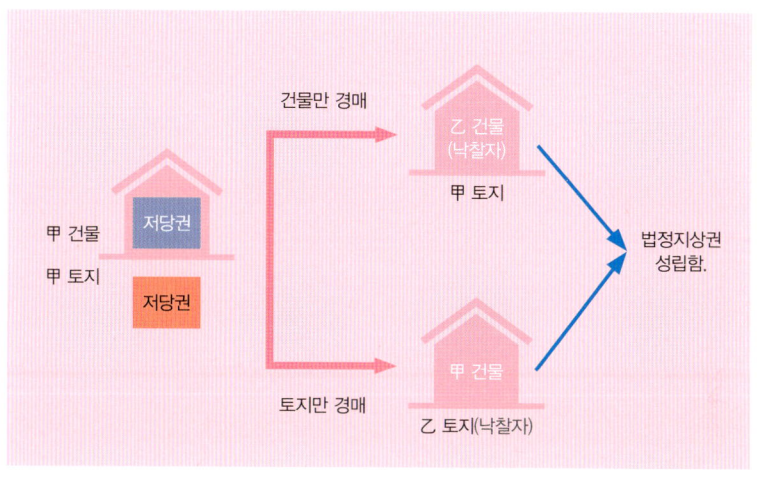

4. 토지와 건물 중 하나가 (임의)경매로 소유자가 달라져야 한다.

법정지상권이 성립하려면 반드시 저당권 실행으로서 임의경매로 인해 토지와 건물이 소유자가 달라져야 한다. 따라서 강제경매, 공매, 매매, 증여, 공유물분할 등에 의해 소유권이 분리되는 경우에는 관습법상 법정지상권만 인정된다.

기타 판례들
■ 근저당권자가 건물의 신축에 동의한 경우에도 법정지상권

인정 안 됨.

토지에 관하여 저당권이 설정될 당시 그 지상에 토지 소유자에 의한 건물의 건축이 개시되기 이전이었다면, 건물이 없는 토지에 관하여 저당권이 설정될 당시 근저당권자가 토지 소유자에 의한 건물의 건축에 동의했다고 하더라도 그러한 사정은 주관적 사항이고 공시할 수도 없는 것이어서 토지를 낙찰받는 제3자로서는 알 수 없는 것이므로 그와 같은 사정을 들어 법정지상권의 성립을 인정한다면 토지 소유권을 취득하려는 제3자의 법적 안정성을 해하는 등 법률관계가 매우 불명확하게 되므로 법정지상권이 성립되지 않는다(대법원 2003다26051 판결).

■ 법정지상권 포기약정은 효력이 없다.

민법 제366조는 가치권과 이용권의 조절을 위한 공익상의 이유로 지상권의 설정을 강제하는 것이므로 저당권설정 당사자간의 특약으로 저당목적물인 토지에 대해 법정지상권을 배제하는 약정을 하더라도 그 특약은 효력이 없다(대법원 87다카1564 판결). 이는 사전 약정에 따라 포기가 가능한 관습법상 법정지상권과 큰 차이가 있다.

■ 토지와 건물에 공동저당권이 설정된 후 건물이 철거되고 신축된 경우, 신축건물을 위한 법정지상권 성립 안 됨.

동일인의 소유에 속하는 토지 및 그 지상건물에 관하여 공동저당권이 설정된 후 지상 건물이 철거되고 새로 건물이 신축된 경우에, 신축건물의 소유자가 토지의 소유자와 동일하고 토지의 저당권자에게 신축건물에 관해서 토지의 저당권과 동일한 순위의 공동저당권을 설정해주는 등 특별한 사정이 없는 한, 저당물의 경매로 인하여 토지와 신축건물이 다른 소유자에 속하게 되더라도 신축건물을 위한 법정지상권은 성립하지 않는다. 이는 건물이 철거된 후 신축된 건물에 토지와 동순위의 공동저당권이 설정되지 않았는데도 신축건물을 위한 법정지상권이 성립한다고 해석하게 되면, 공동저당권자가 법정지상권이 성립하는 신축건물의 교환가치를 취득할 수 없게 되는 결과 법정지상권의 가액 상당 가치를 되찾을 길이 막혀 당초 토지에 관하여 아무런 제한이 없는 나대지로서의 교환가치 전체를 실현시킬 수 있다고 기대하고 담보를 취득한 공동저당권자에게 불측의 손해를 입게 하기 때문으로서, 이러한 법리는 집합건물의 전부 또는 일부 전유부분과 대지 지분에 관하여 공동저당권이 설정된 후 그 지상 집합건물이 철거되고 새로운 집합건물이 신축된 경우에도 마찬가지로 보아야 한다(대법원 2011다73038 판결).

그림으로 보는 사례별 법정지상권

사례 1. 동일인 소유의 토지와 건물 중 토지에 저당권 설정된
경우 : 법정지상권 인정됨.

- **■ 사건 개요** : 甲 토지 위에 甲이 건물을 짓고 난 후 乙이 토지에 저당권을 설정했다. 이후 甲이 이자를 변제하지 못해 乙의 저당권 실행으로 토지만 임의경매가 진행되었고, 丙이 토지를 낙찰받아 건물주인 甲을 상대로 건물 철거 소송을 진행했지만 법정지상권이 인정되었다.

- **■ 이유** : 법정지상권 4가지 요건을 모두 충족하기 때문이다.
    1. 저당권 설정 당시부터 건물이 존재했다.
    2. 저당권 설정 당시 토지와 건물이 동일인 소유다.
    3. 해당 사례는 토지에 저당권 설정되어, 토지와 건물

어느 하나에 저당권이 설정되어 있거나 또는 양쪽 모두에 저당권이 설정되어 있어야 한다는 규정에 부합한다.

4. 토지와 건물 중 하나가 (임의)경매로 소유자가 달라졌다(사건은 토지 임의경매).

사례 2. 저당권 설정 당시 토지상에 건물이 없을 경우 : 법정지상권 성립 안 됨.

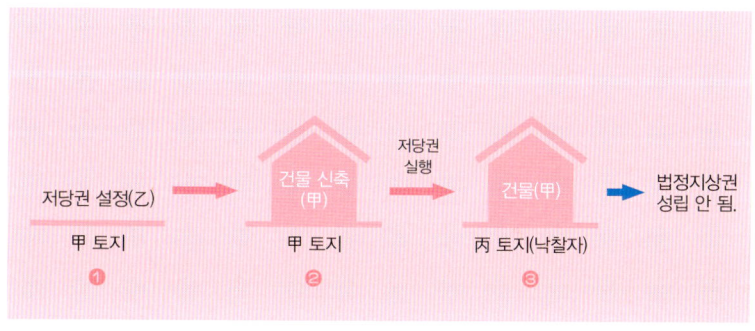

■ **사건 개요** : 甲 토지 위에 乙이 저당권을 설정한 후 甲이 건물을 신축했다. 그 후 甲이 이자를 변제하지 못한 이유로 乙이 저당권을 실행해 토지의 경매가 진행되었고, 丙이 이를 낙찰받았다. 토지 소유자가 된 丙이 甲의 건물을 상대로 철거 소송을 진행하

는 경우 법정지상권이 성립하지 않아 철거 판결을 받게 된다.

■ 이유 : 건물 소유주인 甲과 토지 소유주인 丙과는 계약에 의한 사용권원이 없으므로 법에 의한 지상권 여부가 관건인데 저당권 설정 당시 토지상에 건물이 존재하지 않아 법정지상권이 인정되지 않는다.

甲에게 법정지상권을 인정하지 않는 이유

토지에 저당권을 설정할 당시 건물이 없었다면, 저당권자가 나중에 발생할 수도 있는 법정지상권의 부담을 스스로 용인했다고 볼 수 없다. 건물이 없기 때문에 토지와 공동으로 담보로 잡지 못한 것이지, 건물이 있는데도 잡지 않은 것이 아니기 때문이다. 그럼에도 저당권 설정 후에 신축된 건물에 지상권을 인정한다면 은행의 채권 회수에 큰 손해가 발생한다. 따라서 이를 막기 위해 법정지상권을 인정하지 않는다. 다만, 이런 이유로 토지 경락자는 건물 철거소송을 진행해 멀쩡한 건물이 철거당하는 일이 발생하기도 한다. 이를 고민한 국회는 민법 제365조에 일괄경매 규정을 넣었다.

> **민법 제365조**
> **(저당지상의 건물에 대한 경매 청구권)**
>
> 토지를 목적으로 저당권을 설정한 후 그 설정자가 그 토지에 건물을 축조한 때에는 저당권자는 토지와 함께 그 건물에 대하여도 경매를 청구할 수 있다. 그러나 그 건물의 경매대가에 대하여는 우선변제를 받을 권리가 없다.

토지에만 저당권 설정했어도 토지와 건물을 일괄경매 넣으면 한 사람에게 토지와 건물이 낙찰되게 된다. 저당권자는 토지에서만 우선변제권이 인정되고 건물의 우선 변제권은 건물주에게 간다. 건물 소유주는 비록 건물이 경매로 넘어갔지만 경락 배당을 받으면서 건물 철거는 막을 수 있다. 요약하자면, 저당권 설정 당시 토지 위에 동일 소유의 건물이 있으면 법정지상권으로 보호해주고, 저당권 설정 당시 토지 위에 건물이 없더라도 이후 동일 소유의 건물이 생기면 일괄경매로 보호해준다.

사례 3. 저당권 설정 당시 토지와 건물의 소유자가 동일인이 아닌 경우 : 법정지상권 성립 안 됨.

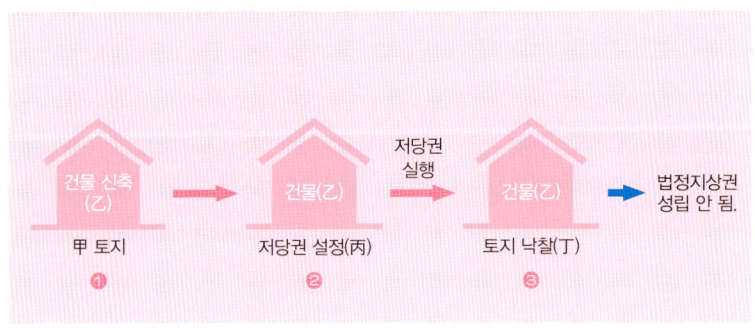

■ **사건 개요** : 甲 토지 위에 乙이 건물을 짓고 난 후 丙이 토지에 저당권을 설정했다. 이후 이자를 변제받지 못한 丙이 저당권을 실행해 토지가 경매에 진행됐고, 이를 丁이 낙찰받았다. 토지 소유자가 된 丁은 건물주를 상대로 철거소송을 진행했고, 법정지상권이 인정되지 않아 철거 판결이 났다(※주의 : 토지임차권의 대항력을 따져봐야 함, 자세한 사항은 뒷장에 설명).

■ **이유** : 乙에게 법정지상권을 인정하지 않아도 乙에게 아무 문제가 발생하지 않기 때문이다. 처음 乙이 남의 땅인 甲 토지에 건물을 지을 때 땅의 사용권원을 확보했을 터, 甲의 땅에 지상권, 전세권, 토지임차권 등으로 대항요

건을 갖췄을 것이므로 법이 나서서 법정지상권까지 인정할 필요가 없다. 그런데 乙이 이런 토지의 사용권원을 확보하지 않은 채 건물을 지었다는 것은 무단 건축물이므로 철거대상이다. 철거대상 건축물을 법이 나서서 지상권을 인정할 이유가 없기 때문에 법정지상권이 인정되지 않는다.

토지 임차권(차지권)을 주의하자

앞서 말한 사례 3의 내용과 연장지어 생각해보자. 남의 토지 위에 건물을 짓기 위해서는 정당한 권원이 필요하다. 토지에 지상권이나 전세권을 설정하는 식으로 말이다. 또는 토지 임대차계약을 맺고 건물을 신축하는 경우도 있다. 다만 지상권, 전세권은 등기부에 공시되는 것과 달리 토지 임대차계약은 외부로 공시되지 않는다. 정당하게 토지 임대차계약을 맺고 건물을 지었고, 이후 토지에 저당권이 설정된 후 훗날 저당권이 실행되어 토지만 경매로 진행된 경우를 보자. 토지 임대차계약이 외부에 공시되지 않는다는 이유로 토지 낙찰자가 멀쩡한 건물을 철거하라고 한다면 임차인에게 매우 불합리할 터다. 이런 의미에서 민법에서는 건물 소유를 목적으로 하는 토지 임차인을 보호하기 위한 제도가 마련돼 있다.

> **민법 제622조(건물 등기있는 차지권의 대항력)**
>
> ① 건물의 소유를 목적으로 한 토지 임대차는 이를 등기하지 아니한 경우에도 임차인이 그 지상 건물을 등기한 때에는 제3자에 대해 임대차의 효력이 생긴다.
> ② 건물이 임대차 기간 만료 전에 멸실 또는 후폐한 때에는 전항의 효력을 잃는다.

차지권과 법정지상권의 함정

사례 1. 차지권 있는 상태에서 토지가 경매로 나온 경우 : 건물 보호됨.

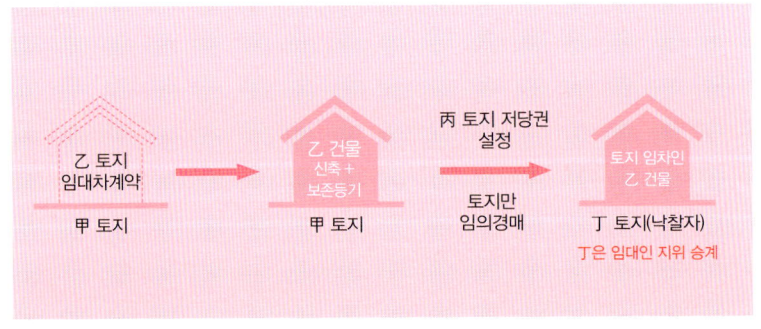

토지주인 甲과 임차인인 乙이 건물 소유를 위한 토지 임대차계약을 맺은 후, 乙이 토지 위에 건물을 신축하고 등기를 마쳤다. 이후

자금이 필요한 甲이 丙에게 돈을 빌리면서 토지를 담보로 제공하고, 丙은 토지 위에 저당권을 설정한다. 甲이 이자를 갚지 못하자 丙이 저당권을 실행해 丙이 낙찰을 받으면 이 건물은 보호된다. 법정지상권이 성립하진 않지만 차지권의 대항력이 인정되어 임대차의 효력이 낙찰자에게도 이어지기 때문이다. 乙은 丁에게 정당한 토지임차인의 권리를 주장할 수 있고, 임대차 기간이 만료되면 '계약갱신청구'가 가능하며 토지 낙찰자가 거부하면 '지상물매수청구'가 가능하다. 낙찰자인 丁은 토지 임대차 기간 만료까지 지료만 받고 기다려야 하며 임대차 기간 만료 후 계약 갱신을 거부할 경우 임차인의 매수청구권으로 인해 해당 지상물을 현존가치로 매수해야 하는 이중부담을 안게 된다.

그러므로 단순히 저당권 설정 당시 토지와 건물주가 동일인이 아니었으니 법정지상권이 성립하지 않는다는 논리로 입찰을 감행해서는 안 된다. 실제 이런 이유로 입찰보증금을 날린 사람들이 꽤 있다.

구분	법정지상권 (사례 3)	차지권(사례1) 건축 소유 목적 토지 임대차 + 건물등기
법정지상권 성립	×	×
대항력 성립	×	○
계약갱신청구권	×	○
지상물매수청구권	×	○

민법 제643조(임차인의 갱신청구권, 매수청구권)

건물 기타 공작물의 소유 또는 식목, 채염, 목축을 목적으로 한 토지 임대차의 기간이 만료한 경우에 건물, 수목 기타 지상시설이 현존한 때에는 제283조의 규정을 준용한다.

민법 제283조
(지상권자의 갱신청구권, 매수청구권)

①지상권이 소멸한 경우에 건물 기타 공작물이나 수목이 현존한 때에는 지상권자는 계약의 갱신을 청구할 수 있다.
②지상권설정자가 계약의 갱신을 원하지 아니하는 때에는 지상권자는 상당한 가액으로 전항의 공작물이나 수목의 매수를 청구할 수 있다.

사례 2. 토지 임차인의 건물이 경매될 때

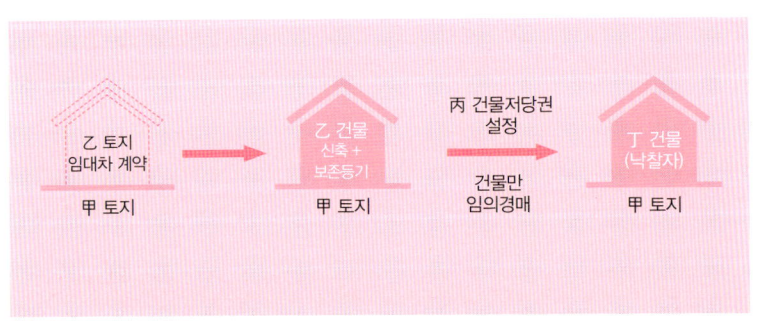

토지 임대인 甲과, 임차인 乙이 건물 소유를 목적으로 토지 임대차계약을 체결했다. 이후 乙 명의의 지상건물이 신축돼 보존등기를 마쳤다. 乙의 건물에 丙이 저당권 설정을 했고, 훗날 저당권 실행으로 건물만 경매 신청되어 丁이 건물을 낙찰받았을 때, 토지 소유자 甲과 건물 낙찰자 丁의 관계는 어떻게 될까? 과연 丁은 건물을 지킬 수 있을까? 정답은 '그렇지 않다'다.

그 이유는 임대인의 동의 없이는 丁이 토지임차권을 주장할 수 없기 때문이다. 임차권은 채권이므로 물권처럼 절대적 권리가 아닌 상대권이다. 임차인은 임대인의 동의 없이 그 권리를 양도하거나 전대하지 못하고(민법 제629조 1항), 임차인이 규정을 위반한 때에는 임대인은 계약을 해지할 수 있다(동법 2항). 따라서 토지 임대인 甲은 동의 없이 토지임차권에 의한 건물을 소유한 丁을 상대로 토지 임대차계약을 해지할 수 있다. 또한 토지 소유자 甲은 건물 낙찰자 丁에게 건물 철거 및 토지인도 청구를 할 수 있다. 다만, 임차인의 변경이 임대인에 대한 배신행위가 아니라고 인정되는 특별한 사정이 있는 경우 건물 소유를 목적으로 하는 토지임차권은 유지될 수 있으나, 이와 같은 특별한 사정은 낙찰자가 입증해야 한다(단순히 경매로 매각됐다는 이유는 특별한 사정이 되지 못함).

임대인의 동의를 받아야 임차권 승계 가능

건물의 소유를 목적으로 토지를 임차한 사람이 그 토지 위에 소유하는 건물에 저당권을 설정한 때에는 저당권의 효력이 건물뿐만 아니라 토지의 임차권에도 미친다고 보아야 할 것이다. 그러므로 건물에 대한 저당권이 실행되어 경락인이 건물의 소유권을 취득한 때에는 토지의 임차권도 건물의 소유권과 함께 경락인에게 이전된다. 하지만 토지 임대인의 동의가 없는 한 경락인은 그 임차권의 취득을 대항할 수 없다고 할 것이다.

다만, 임차인의 변경이 당사자 간의 개인적인 신뢰 관계를 파괴하는 임대인에 대한 배신행위가 아니라고 인정되는 특별한 사정이 있는 때에는 임대인은 자신의 동의 없이 임차권이 이전되었다는 것만을 이유로 임대차 계약을 해지할 수 없고, 그와 같은 특별한 사정이 있는 때에 한해 경락인은 임대인의 동의가 없더라도 임차권의 이전을 임대인에게 대항할 수 있다고 봄이 상당한 바, 위와 같은 특별한 사정이 있는 점은 경락인이 주장·입증해야 한다(대법원 92다24950 판결).

차지권의 대항력을 유지하기 위한 요건

1. 토지 임차권이 유효하게 존속돼야 한다.

토지 소유자와 임차인 간의 임대차계약이 종료되거나 해지되면 그 이후에는 승계할 대항력의 문제가 발생할 수 있다. 토지 임차인의 차임 연체 등 채무불이행을 이유로 그 임대차계약이 해지되면, 토지 임차인은 임대인에게 지상건물의 매수를 청구할 수 없다(대법원 95다29345판결).

2. 건물의 소유를 목적으로 하는 토지 임대차여야 한다.

건물의 소유를 목적으로 한 토지 임대차계약이 아님이 명백한 경우 그 대지에 관한 임차권은 민법 제622조에 따른 대항력을 갖추지 못한다(대법원 94다5458판결).

3. 토지 임차인이 그 지상건물을 등기해야 한다.

건물 소유를 목적으로 임차한 토지 위에 임차인이 소유하는 건물의 등기가 있으면 임차인은 그 차지권을 가지고 제3자에게 대항할 수 있다(대법원 86다카1119 판결).

Plus Tip

토지 임대차 여부 어떻게 조사할까?

차지권의 대항력을 배웠으니 단순히 법정지상권의 성립유무만을 따질 게 아니라 건물주가 토지 소유주와 건물 소유를 목적으로 한 토지 임대차 계약을 맺었는지 여부를 살펴야 한다. 그럼 입찰자가 토지 임대차 여부를 어떻게 확인할 수 있을까? 바로 그 건물을 설계한 설계사무소에 문의하는 것이다. 건물의 건축물대장에 기재되어 있는 설계사무소를 방문해 해당 토지에 건물을 지을 때 토지사용권원이 무엇이었는지 알아봐야 한다. 남의 땅에 건축의뢰를 하면, 건축사무소에서는 정확한 원인서류를 받은 후 구청에 설계도서와 함께 건축허가를 넣는다. 형식은 토지 사용승낙이라는 서류이지만 그 토지 사용승낙에 대한 권원이 무엇인지를 확인해야 한다. 이 권원이 토지 임대차라면 건축주는 제3자에 대해 대항력이 있다.

한눈에 이해하는 관습법상 법정지상권

법정지상권은 저당권의 실행(임의경매)으로 인해 토지와 건물의 소유자가 달라졌을 때 요건에 맞는 경우 법에서 인정해 주는 지상권이다. 이에 반해 관습법상 법정지상권은 관습법(판례)에서 인정되는 법정지상권을 말한다. 토지와 그 지상의 건물이 동일인에게 속했다가 매매 및 기타 원인으로 각각 그 소유자를 달라진 경우, 그 건물을 철거한다는 특약이 없으면 건물 소유자가 토지를 계속 사용할 수 있도록 하는 것이 당사자의 의사라고 보아 건물 소유자에게 지상권(토지 사용권)이 인정되는데 이를 관습법상 법정지상권이라 한다. 이는 등기 없이도 당연히 취득하는 지상권이다. 지료 액수는 당사자 간의 합의로 결정하고, 합의가 되지 않으면 법원에 지료청구소송을 통해 결정된다.

관습법상 법정지상권 3가지 성립요건

1. 토지와 그 지상의 건물이 동일인의 소유에 속했어야 한다.

건물로서의 요건을 갖추고 있다면 미등기나 무허가의 건물도 상관없다. 다만 관습법상 법정지상권은 등기가 없어도 성립하지만 처분하기 위해서는 반드시 등기를 해야한다.

2. 토지와 건물의 소유권이 법률상 규정된 것이 아닌 원인으로 각각 소유권이 달라져야 한다.

위 요건에서 말하는 법률상 규정된 것의 대표적인 예가 민법 366조의 저당권실행 경매로 인한 법정지상권이다. 따라서 저당권실행 경매로 인해 토지와 건물의 소유권이 달라지면 민법 366조의 법정지상권이 성립하고, 관습법상 법정지상권은 그 밖의 다른 사유(매매, 대물변제, 증여, 공유물 분할, 강제경매, 공매 등)로 토지와 건물의 소유권이 각각 달라지는 경우 성립한다.

3. 당사자 사이에 건물을 철거한다는 특약이 없어야 한다.

민법 제366조의 법정지상권은 강행규정으로 포기하는 약정은 무효이나, 관습법상 법정지상권은 임의 규정으로 미리 포기할 수 있단 점에 차이가 있다. 따라서 당사자 사이에 건물을 철거한다는 특약이 있는 경우 관습법상 법정지상권은 인정되지 않는다. 철거 특약은 명시적 합의뿐만 아니라 묵시적 합의에 의해서도 인정된다(건물을 철거하기로 합의했다는 것에 대해서는 이를 주장하는 자가 입증).

판례로 보는 관습법상 법정지상권

■ 건물이 장차 철거될 것임을 예상한 경우에는 당사자 사이에 건물을 철거한다는 특약이 있었다고 봐야 한다.

토지의 소유자가 건물을 건축할 당시 이미 토지를 타인에 매도하여 소유권을 이전해줄 의무를 부담하고 있었다면 토지의 매수인이 그 건축행위를 승낙하지 않는 이상 그 건물은 장차 철거되어야 하는 운명에 처하게 될 것이고 토지소유자가 이를 예상하면서도 건물을 건축하였다면 그 건물을 위한 관습상의 법정지상권은 생기지 않는다고 보아야 할 것이다(대법원 94다41072 판결).

■ 관습법상 법정지상권을 포기했다고 볼 수 있는 사정이 있는 경우라면, 관습법상 법정지상권이 인정되지 않는다.

대지상의 건물만을 매수하면서 대지에 관한 임대차계약을 체결하였다면 이 건물매수로 인하여 취득하게 될 관습상의 법정지상권을 포기하였다고 볼 것이다(대법원 91다1912 판결). 이처럼 판례에서는 관습법상 법정지상권이 성립하는 건물을 매수한 자가 토지에 대하여 임대차계약을 체결했다면 관습법상 법정지상권을 포기한 것으로 보았다. 따라서 멀쩡했던 관습법상 법정지상권이 토지 임대차계약으로 인해 사라지는 실수를 하지 않도록 주의해야 한다.

그림으로 보는 사례별 관습법상 법정지상권

사례 1. 토지 매매 : 관습법상 법정지상권 인정됨.

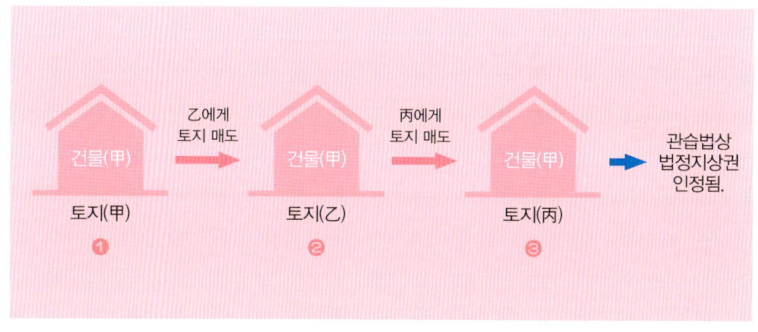

■ **사건 개요** : 甲 토지 위에 甲의 건물이 존재하던 중 乙에게 토지만 매도해 건물은 甲, 토지는 乙의 소유가 되었다. 이 때 乙은 甲의 건물을 상대로 철거 소송

을 하지 못한다. 신의성실의 원칙에 반하기 때문이다.

> **민법 제2조(신의성실)**
> ① 권리의 행사와 의무의 이행은 신의에 좇아 성실히 하여야 한다.
> ② 권리는 남용하지 못한다.

이후 乙이 丙에게 토지를 매도해서 토지주가 丙이 되었을 때, 丙이 甲의 건물을 상대로 건물철거소송 진행하는 사태가 올 수 있다. 甲과 丙은 임대차계약 관계가 아니기때문에 건물이 철거당할 위기에 처하는데, 이를 막기 위해 丙이 토지를 매수할 때 甲의 건물을 철거하기로 하는 약정이 없었다면 甲에게 관습법상 법정지상권을 인정하는 것이다(등기 없어도 인정됨).

사례 2. 건물 매매 : 관습법상 법정지상권 인정됨.

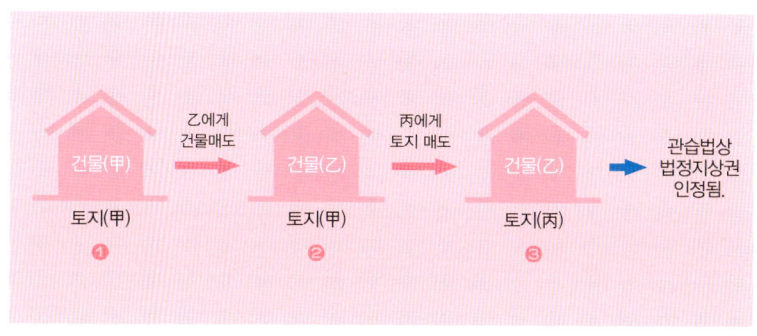

■ **사건 개요** : 甲 토지 위에 甲의 건물 존재하던 중, 乙에게 건물만 팔았다. 이때, 甲은 乙을 상대로 철거 소송 하지 못하는데 이유는 신의성실원칙에 반하기 때문이다. 이후 甲이 丙에게 땅을 팔았을 때, 丙이 乙을 상대로 철거소송 가능성 있어 이를 막기 위해 관습법상 법정지상권 인정된다(등기 없어도 인정됨). 따라서 乙은 丙에게 30년 동안 토지 사용료만 주면 된다.

법정지상권/관습법상 법정지상권 존속기간

민법 제280조(존속기간을 약정한 지상권)
① 계약으로 지상권의 존속기간을 정하는 경우에는 그 기간은 다음 연한보다 단축하지 못한다.

1. 석조, 석회조, 연와조 또는 이와 유사한 견고한 건물이나 수목의 소유를 목적으로 하는 때에는 30년
2. 전호 이외의 건물의 소유를 목적으로 하는 때에는 15년
3. 건물 이외의 공작물의 소유를 목적으로 하는 때에는 5년
② 전항의 기간보다 단축한 기간을 정한 때에는 전항의 기간까지 연장한다.

민법 제366조 법정지상권과 관습법상 법정지상권의 차이

구분	법정지상권	관습법상 법정지상권
다른점	법률(민법 제366조)에 근거	판례로 확립된 '관습법'에 근거
	'임의경매'로 성립 (저당권 실행에 의한 경매)	강제경매, 매매, 증여 등으로 성립
	'저당권 설정 당시' 동일인 소유일 것	'처분 당시' 동일인 소유일 것
	'건물철거 특약 없을 것'이란 요건 불필요	'건물 철거 특약 없을 것'이란 요건 필요
같은점	1. 동일인 소유의 토지와 건물 중 어느 한쪽의 소유자가 달라질 것 2. 성립에 '등기' 불필요 3. '건물'에 한에 성립 4. '무허가'와 '미등기' 건물에도 성립 등	

지분과 법정지상권의 상관관계

부동산의 일부가 매각되면 지분 매각이며, 토지와 건물이 달라지면 법정지상권 성립 유무가 관건이다. 이 페이지에선 앞 파트에서 배운 지분을 활용해 법정지상권과의 관계에 대해 다뤄보려 한다. 지분과 법정지상권을 종합적으로 다루기 때문에 조금 어렵게 느껴질 수 있으므로 혹시 한 번에 이해가 되지 않는다면 가볍게 읽고 넘겨도 좋다. 나중에 내공이 쌓인 후에 다시 읽어보면 훨씬 이해가 쉬울 것이다.

토지 공동소유에 따른 사례별 법정지상권

甲과 乙이 공동으로 소유하고 있는 토지 위에 甲이 단독으로 소유하고 있는 건물이 있다. 이런 상황에서 부동산이 경매될 때 법정지상권의 성립여부를 경우에 따라 살펴보자.

1. 甲 건물만 매각

甲 소유 건물만 매각되어 丙이 건물을 낙찰받았다면 丙은 법정지상권을 취득할 수 있을까? 토지 중 甲의 지분을 기준으로 보면 토지와 건물의 소유자가 달라진 셈이고, 乙의 기준으로 보면 매각 전부터 이미 토지와 건물의 소유자가 달랐으므로 동일한 소유자에 속했던 토지와 건물의 소유자가 달라진 것이 아니다.

이런 경우 법정지상권을 인정하면 丙은 건물을 철거하지 않아도 되고, 乙은 자기와 무관하게 甲의 건물이 매각된 일로 부당하게 법정지상권의 부담을 지게 되는 셈이다. 따라서 이런 경우 乙을 보호하기 위해 법정지상권은 성립하지 않는다.

> 토지 공유자의 한 사람이 다른 공유자의 지분 과반수의 동의를 얻어 건물을 건축한 후 토지와 건물의 소유자가 달라진 경우 토지에 관하여 관습법상의 법정지상권이 성립되는 것으로 보게 되면 이는 토지 공유자의 1인으로 하여금 자신의 지분을 제외한 다른 공유자의 지분에 대하여서까지 지상권설정의 처분행위를 허용하는 셈이 되어 부당하다. 그리고 이러한 법리는 민법 제366조의 법정지상권의 경우에도 마찬가지로 적용되고, 나아가 토지와 건물 모두가 각각 공유에 속한 경우에 토지에 관한 공유자 일부의 지분만을 목적으로 하는 근저당권이 설정되었다가 경매로 인하여 그 지분을 제3자가 취득하게 된 경우에도 마찬가지로 적용된다(대법원 2011다73038 판결).

2. 甲 토지 지분만 매각된 경우

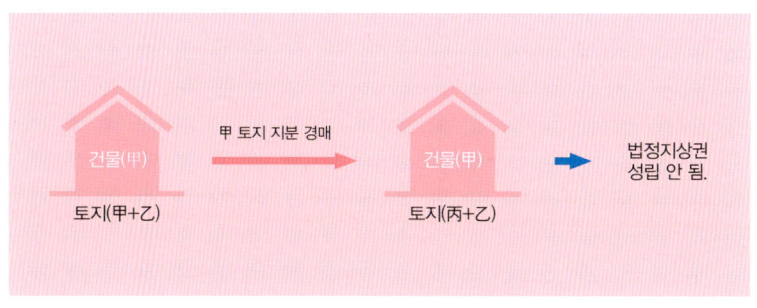

이번에는 甲의 건물이 아닌 甲의 토지 지분이 경매로 매각되어 丙이 낙찰받았다면 법정지상권이 성립이 될까? 만약 법정지상권을 인정하면 토지를 매수한 丙은 甲의 건물철거를 청구할 수 없어 토지를 온전하게 사용할 수 없게 된다. 따라서 토지의 낙찰가격은 법정지상권의 부담만큼 낮아지게 될 것이다. 이렇게 되면 토지 공유자인 乙은 자기 소유도 아닌 건물로 인해 자기의 토지가 헐값에 매각되는 부당한 손해를 입게 된다. 따라서 이 경우도 乙을 보호하기 위해 법정지상권이 성립되지 않는다.

3. 甲 건물과 甲 토지 지분이 매각되는 경우

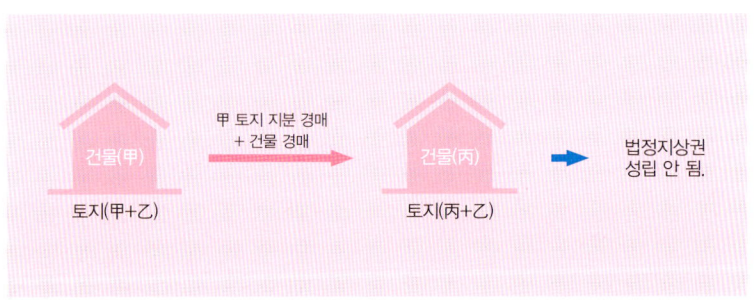

이번엔 甲의 건물과 토지 지분 모두 경매로 매각되는 경우 법정지상권의 성립 유무를 살펴보자. 법정지상권은 동일 소유에 속했던 토지와 건물이 각각 다른 소유자에 속하는 순간 발생하는 권리다. 그런데 이 사례의 경우 매각으로 인해 토지와 건물의 소유자가 달

라지는 일이 발생하지 않는다.

먼저 甲의 토지 지분을 기준으로 생각해보면, 토지와 함께 건물까지 丙에게 매각됐으니 토지와 건물이 모두 丙의 소유가 된다. 즉, 매각으로 인해 토지와 건물이 서로 다른 소유자에 속한 것이 아니다. 반면 乙의 토지 지분을 기준으로 보면, 처음부터 토지와 건물의 소유자가 달랐을 뿐 매각으로 인해 토지와 건물의 소유자가 서로 달라진 것이 아니다. 따라서 이 경우 불측의 피해를 보는 누군가를 보호하기 위해 법정지상권을 부정하는 게 아닌, 법정지상권 성립에 관한 규정 자체에 부합되지 않기 때문에 법정지상권이 성립될 여지가 없다.

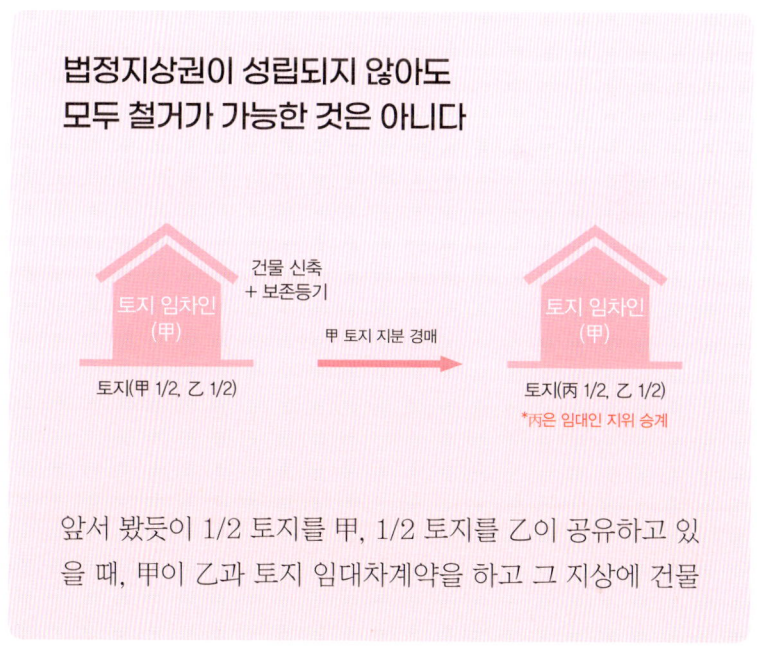

앞서 봤듯이 1/2 토지를 甲, 1/2 토지를 乙이 공유하고 있을 때, 甲이 乙과 토지 임대차계약을 하고 그 지상에 건물

의 신축과 동시에 보존등기를 한 경우를 생각해보자. 甲(또는 乙)의 1/2 토지 지분을 丙이 낙찰받으면 건물의 법정지상권은 성립하지 않는다. 그래서 철거가 가능하다고 속단하는 경우가 있는데, 민법 제622조(건물 등기있는 차지권의 대항력)에 따라 임대차의 효력을 주장할 수 있는 대항력을 갖게 되므로 철거할 수 없을 가능성이 높다. 민법 제622조는 토지 전체를 임차해서 건물을 신축하는 것이지만 토지 일부 지분을 갖고 있는 사람이 나머지 지분을 임차해서 건물을 신축하는 경우도 마찬가지로 해석될 수 있다. 물론 이는 건물이 보존등기 되고 나서 설정된 저당권일 경우다. 건물의 보존등기 이전에 토지 지분에 저당권이 설정되었거나 건물 보존등기 이전에 토지 지분이 丙에게 양도된 경우, 甲과 乙의 토지 임대차계약은 채권계약이므로 매수인인 丙에게 임대차 효력을 주장할 수 없다.

건물 공동소유에 따른 사례별 법정지상권

1. 공동소유 건물의 토지만 임의경매일 때

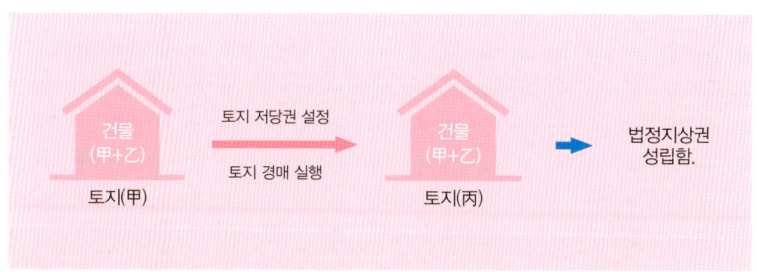

- ■ **사건 개요**: 甲의 토지 위에 甲과 乙의 공동소유인 건물이 신축되었다. 그 후 甲의 토지에 저당권이 설정되었고, 토지의 경매가 진행되어 丙이 낙찰받았다. 이 경우 건물은 법정지상권이 성립한다.

- ■ **이유**: 토지소유자 甲은 자기뿐 아니라 다른 건물 공유자를 위해서도 토지의 이용을 인정하고 있다. 저당권 설정 당시 저당권자도 건물의 존재를 알고 있었고, 이는 법정지상권의 부담을 예상하고 있어 불측의 손해가 아니다. 또한 건물 철거로 인한 사회경제적 손실을 방지한다는 측면이 있다(대법원 2010다67159판결).

2. 건물 공유지분 중 일부만 경매 진행할 때

■ **사건 개요**: 甲의 토지 위에 甲과 乙의 공동소유인 건물이 신축되었다. 그 후 甲의 건물 지분만 경매가 진행된 상황에서 丙이 낙찰을 받았다. 토지는 甲, 건물은 丙과 乙의 공동소유인 상황에서 법정지상권이 성립한다.

■ **이유** : 토지소유자 甲은 스스로 건물의 다른 공유자를 위해서도 토지의 이용을 용인한 것이라고 볼 수 있어, 공유자 전체를 위한 법정지상권이 성립한다.

실전 경매로 살펴보는 법정지상권

낙찰 후 처리의 함정을 조심하라

건물이 있는 상태에서 토지만 경매로 나왔을 때 우리는 먼저 법정지상권 성립 유무를 확인한 뒤 입찰해야 할 것이다. 좀 더 세부적으로 살펴보면 법정지상권과 토지 임대차 여부를 조사한 후 둘 다 해당되지 않으면 건물 철거가 가능하므로 토지 입찰에 참가하게 된다. 만약 법정지상권이 성립하면 건물 철거를 요구할 순 없고, 해당 기간만큼 지료를 청구할 수 있다. 지료는 당사자의 협의에 의하나 협의되지 않는 경우 법원에 청구한다. 지료는 통상 토지가의 연 4~5% 내외에서 인정되는데, 이때 기준가액은 낙찰가가 아닌 토지 시세다. 건물이 없는 상태를 전제로 토지를 감정평가한 후 그 금액을 기준으로 연 4~5%를 인정하므로, 감정가의 반값에 낙찰받는다면 연 10%에 달하는 수익을 거둘 수도 있다. 또한 2년분에 해당하는 지료를 연체하면 지상권소멸청구를 할 수 있다.

토지 낙찰자의 발 빠른 대처가 필요

**토지 낙찰자의 계획
(법정지상권 성립하지 않는 경우)**

1. 토지를 낙찰받아 건물주에게 토지를 매도한다.
2. 건물주가 토지를 매수하지 않을 경우 건물 철거 및 토지 인도 소송을 제기해 판결문에 의해 건물 철거를 시도한다.
3. 건물주에게 사용료를 청구한다.
4. 사용료 연체를 이유로 건물을 경매 신청한다. 지료 연체는 2년이지만 사용료는 월 단위로 청구할 수 있으므로 3개월 이상 연체하면 채권으로 건물을 가압류한 뒤 소송을 거쳐 경매를 신청한다.

법정지상권이 성립되지 않는 토지를 낙찰받으면 건물주가 바로 매입하지 않는 이상, 소송의 과정을 거치는 경우가 많아 상당한 시간이 소요된다. 바로 이 점을 주의해 발 빠른 대처가 필요한 순간이다. 그렇지 않으면 지지부진하게 시간을 보내는 사이 건물에 대항력 있는 임차인이 여럿 거주하게 되면 훗날 난항이 예견되기 때문이다.

지료 또는 사용료 연체를 이유로 해당 건물을 경매에 넣었을 때(건물만 매각), 건물에 입찰하는 사람은 거의 없다. 낙찰받아 잔금을 납부하더라도 법정지상권이 성립되지 않는 건물이므로 토지주로부터 철거될 운명이기 때문이다. 따라서 유찰을 거듭해 저렴한 가격에 토지주가 건물을 낙찰받는 게 일반적이다. 그러나 지지부진하는 사이 건물에 대항력 있는 임차인들이 전입을 한다면 그들의 보증금을 변제해줘야 하니 결과적으로 토지주는 높은 가격에 건물을 산 꼴이 된다. 입지가 좋아 그사이 지가가 올라주면 몰라도 지가가 비슷하거나 오히려 떨어지는 지역이라면 토지주의 부담이 한층 심화해 결국 낙찰 후 처리 과정에서 함정에 빠지게 되는 것이다.

시작은 좋았지만 끝이 부담인 함정에 빠지다

앞서 배운 것처럼 임차인이 대거 전입, 대항력 있는 임차인의 보증금 부담이 가중되면 토지 낙찰자는 매우 당혹스럽다. 이번 페이지는 실사례를 통해 낙찰자가 어떻게 함정에 빠졌는지 살펴보자. 더불어 해당 내용을 잘 숙지해 동일한 함정에 빠지지 않도록 주의하자.

토지만 매각, 지상 건물은 법정지상권 성립 안 됨.

3층짜리 상가주택이 위치한 토지가 경매에 등장했다. 법정지상권이 성립하지 않는 곳이었는데, 감정가 3억 2,000만 원의 토지가 약 1억 7,000만 원에 낙찰되었다. 지상 건물은 사용승인을 받지 않은 건물로 등기부가 존재하지 않았다.

토지만 매각된 경매 사례

지상의 건물 모습(건물은 매각 제외)

해당 건물 임차인 내역

이 당시 건물에 거주하는 대항력 있는 임차인은 총 4명으로 임차보증금의 합은 7,700만 원이었다. 토지 낙찰자는 건물 소유자를 상대로 여러 가지 협상을 취했을 것으로 예상되지만 협상이 그리 원활하진 않았던 듯하다. 해당 건물이 3년 후 경매 시장에 등장했기 때문이다.

3년 후의 변화

경매로 등장한 건물(건물만 매각)

Part 5 **법정지상권 편** : 원리만 알면 쉽게 풀리는 마법의 공식

No	접수	권리종류	권리자	채권금액	비고	소멸여부
1	2007.09.17	소유권보존	김재■		강제경매신청등기의 촉탁으로 인하여 2007년 9월 17일 등기	
2	2007.09.17	강제경매	최연■	청구금액: 24,000,000원	말소기준등기 2007타경■	소멸
3	2007.10.19	가압류	여유■	22,000,000원		소멸
4	2007.10.19	가압류	이동■	23,000,000원		소멸

건물 등기부 내역

토지주는 해당 건물의 철거 및 토지인도를 명하는 확정판결을 받아놓은 상태였는데, 건물의 경매 청구자는 토지주가 아닌 임차인이었다. 건물 등기부의 말소기준등기는 2007년 9월 17일 강제경매다. 해당 건물에는 1996~2005년까지 총 24명의 임차인이 전입했고, 임차보증금의 합이 약 3억 4,000만 원에 달했다. 그중 한 임차인이 보증금을 돌려받지 못하자 강제경매를 신청했고, 강제경매 신청등기의 촉탁으로 인해 건물 등기부가 생성되었다.

김옥■	주거용 201호	전 입 일: 2006.03.14 확 정 일: 2007.07.09 배당요구일: 2007.09.28	보25,000,000원	있음	소액임차인	
민영■	주거용 101호	전 입 일: 미상 확 정 일: 미상 배당요구일: 없음	보1,000,000원 월270,000원		배당금 없음	
박명■	주거용 3층일부 (방1칸)	전 입 일: 1999.04.28 확 정 일: 1997.07.11 배당요구일: 2007.10.31	보25,000,000원	있음	소액임차인	처 옥정■전입,현황서상 보:2400만원
박종■	주거용 303호 (방1칸)	전 입 일: 1997.08.16 확 정 일: 1999.04.27 배당요구일: 2007.11.20	보25,000,000원	있음	소액임차인	현황서상 보:2400만원
서성■	주거용 203호	전 입 일: 2001.07.05 확 정 일: 미상 배당요구일: 없음	보28,000,000원	있음	전액매수인인수	
석영■	주거용 102호	전 입 일: 미상 확 정 일: 미상 배당요구일: 2007.11.15	보20,000,000원		배당금 없음	
설욱■	주거용 401호	전 입 일: 1997.12.22 확 정 일: 미상 배당요구일: 없음	보17,000,000원	있음	전액매수인인수	
설윤■	주거용 미상	전 입 일: 2007.02.02 확 정 일: 미상 배당요구일: 없음	미상		배당금 없음	
송혜■	주거용 미상	전 입 일: 2007.06.29 확 정 일: 미상 배당요구일: 없음	미상		배당금 없음	

		전 입 일: 1997.08.06			
신용■	주거용 302호	확 정 일: 미상	보24,000,000원	있음	전액매수인인수
		배당요구일: 없음			
여유■	주거용 301호	전 입 일: 1997.07.26	보22,000,000원	있음	소액임차인
		확 정 일: 1997.07.28			
		배당요구일: 2007.11.19			
옥정■	주거용 304호	전 입 일: 1999.04.28	보24,000,000원	있음	전액매수인인수
		확 정 일: 미상			
		배당요구일: 미상			
이동■	주거용 101호	전 입 일: 1997.08.12	보23,000,000원	있음	소액임차인	현황서상 보:2200만원
		확 정 일: 1997.07.21			
		배당요구일: 2007.11.19			

임차인 중 일부 내역(지면관계상 일부 기재)

토지와 건물 등기부가 다를 때, 임차인의 대항력은 건물 등기부가 기준이다. 임차인이 거주하는 곳은 땅이 아닌 건물이기 때문이다. 건물의 낙찰자는 미배당된 대항력 있는 임차인의 보증금을 인수해야 하므로 낙찰금액 외에도 2억 8,000만 원에 달하는 보증금을 인수해야 한다. 즉, 토지를 낙찰받을 당시 7,700만 원의 임차인 보증금이 3년 사이 5배 가까이 불어난 것이다. 그러므로 법정지상권이 성립하지 않는 토지를 낙찰받아 놓고 건물을 공략할 때는 속전속결로 대처해 임차인이 전입하지 않는 상태라야 한다. 또는 건물 등기부에 선순위 근저당 등 말소기준등기가 자리 잡고 있어 후순위 임차인이 전입을 해도 대항력이 발생하지 않는 건물을 공략해야 한다. 그렇지 않으면 차일피일 시간이 흐르는 사이 임차인들이 건물에 전입을 하면서 결국 건물 낙찰자의 부담이 가중된다.

훗날 벌어질 태풍을 짐작 못하는 낙찰자

이번 사례도 법정지상권의 함정에 빠진 경우다. 이 물건은 대지만 경매로 나온 물건인데, 55평의 대지면적 위에 지하 1층~지상 4층으로 규모의 다세대주택(실제로는 원룸)이 있다.

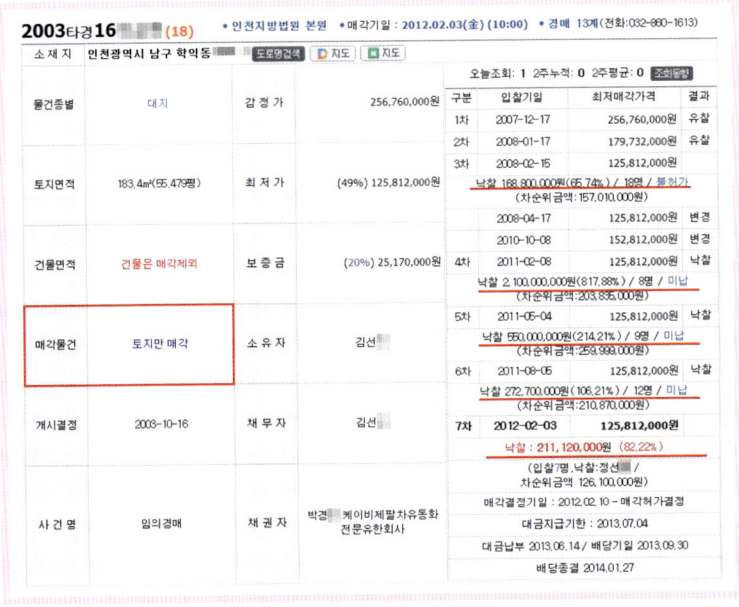

토지만 매각 낙찰 결과 내역

지상의 건물 모습

감정가 2억 5,600만 원의 대지가 한 번의 불허가와 세 번의 대금 미납을 거쳐 최종적으로 2억 1,100만 원에 낙찰되었다. 등기부의 경매접수 시기가 2003년 10월인데 매각이 2012년 2월 되었으니 소유자가 이 물건을 9년이나 끌고 왔다는 것이 참 대단하다는 생각이 든다. 이는 바꿔 말하면 낙찰 후 처리가 쉽지 않을 것임을 읽을 수 있다.

No	접수	권리종류	권리자	채권금액	비고	소멸여부
1	2000.08.10	소유권이전(매매)	김선■			
2	2000.08.10	근저당	케이비제팔차유동화전문유한회사	65,000,000원	말소기준등기 양도전:국민은행	소멸
3	2000.08.10	지상권(전부)	케이비제팔차유동화전문유한회사		존속기간: 2000.08.10~2030.08.10 만 30년	소멸
4	2001.05.03	근저당	박■이	40,000,000원		소멸
5	2001.10.11	소유권대지권		건물의 표시 : 인천광역시 남구 학익동 ■■■ 철근콘크리트조 평스라브 지붕 4층 다세대주택 1층 107.04㎡,2층 107.04㎡,3층 107.04㎡,4층 100.88㎡,지층 113.6㎡		
6	2003.10.17	임의경매	박■이	청구금액: 40,000,000원	2003타경■■■■	소멸
7	2006.10.02	임의경매	케이비제팔차유동화전문유한회사	청구금액: 65,000,000원	2006타경■■■■	소멸

토지 등기부 내역(지상의 건물은 등기부 없어 발급 안 됨)

서영	주거용 101호	전 입 일: 2003.04.01 확 정 일: 2003.04.01 배당요구일: 2004.03.26	보48,000,000원		
안명	주거용 103호	전 입 일: 2003.09.16 확 정 일: 미상 배당요구일: 2004.03.26	보20,000,000원		
윤석	주거용 204호	전 입 일: 2003.03.07 확 정 일: 미상 배당요구일: 없음	미상		점유자
이용	주거용 404호	전 입 일: 2001.09.05 확 정 일: 2001.11.15 배당요구일: 2004.05.17	보23,000,000원		
임진	주거용 303호	전 입 일: 2001.10.19 확 정 일: 미상 배당요구일: 없음	미상		점유자
차명	주거용 203호	전 입 일: 2001.06.11 확 정 일: 2001.06.11 배당요구일: 2004.01.09	보23,000,000원		점유자
하춘	주거용 302호	전 입 일: 2002.01.25 확 정 일: 2002.01.25 배당요구일: 2004.02.25	보25,000,000원		
기타사항	임차인수: 14명 , 임차보증금합계: 306,000,000원 ▶ 위 임차인(강택 ,김대 ,김일 ,김정 ,김철 ,문영 ,박이,서영 ,안명 ,윤석 ,이용 ,임진 ,차명 ,하춘)은 매각에서 제외되는 건물의 임차인임.				

해당 건물의 임차인 수(지면관계상 일부만 수록)

    2000년 8월 10일 근저당이 말소기준등기이므로 낙찰로 모든 권리는 소멸한다. 지상의 건물에 거주하는 임차인은 14명으로 보증금 총액은 3억 600만 원이다. 물론 해당 경매사건은 토지만 매각이므로 임차인의 대항력은 따지지 않는다. 대항력은 건물 등기부를 기준으로 하기 때문이다. 이런 점이 이 물건을 매력적으로 만들었는지 모르겠지만, 이는 하나만 알고 둘은 모르는 것이다. 이런 패턴의 물건은 법정지상권의 성립여부도 중요하지만 정작 임차인에게 함정이 있다. 그럼에도 이 물건의 입찰자 수가 7~18명이나 되는 걸 보면 낙찰이 힘난한 가시밭길을 예고하는 서막이 될 줄은 아무도 몰랐을 것이다.

계속해서 대항력이 발생하는 함정

토지만의 매각 시 임차인의 배당 순위는 토지에 근저당 설정 시 건물이 있었느냐, 없었느냐에 따라 다르다. 근저당권 설정 전부터 건물이 있었다면 임차인의 우선변제권이 앞서겠지만 근저당권 이후 임차인의 전입이 있다면 근저당권이 먼저 배당받고 임차인의 우선변제권은 순위에 따라 받게 된다. 이 물건에서 보면 2번 근저당과 3번의 지상권이 같이 나오는 것으로 봐서 2번 근저당 설정 시에는 건물이 없었고, 임차인의 가장 빠른 전입일이 2001년 6월 11일인 것으로 보면, 4번 박○이 근저당 설정 시에는 건물이 있었던 것으로 추정된다. 그러므로 4번 근저당이 배당될 때부터 임차인도 같이 배당해야 한다.

> 대항요건 및 확정일자를 갖춘 임차인과 소액임차인은 임차주택과 별도로 그 대지만이 경매될 경우에도 그 대지의 환가대금에 대하여 우선변제권을 행사할 수 있다. 또한 우선변제권을 인정한 주택임대차보호법에서 미등기 주택을 달리 취급하는 특별한 규정을 두고 있지 않으므로, 우선변제권에 관한 법리는 임차주택이 미등기인 경우에도 그대로 적용된다(대법원 2004다26133 전원합의체 판결).

낙찰금액 2억 1,100만 원에 첫 번째 몰수된 보증금이 1,260만 원, 두세 번째 몰수된 금액이 각각 2,517만 원이므로 배당할 총액은 대략 2억 7,500만 원이다. 이를 기준으로 대략적인 배당을 추정해보니 임차인 배당받는 금액은 총 1억 6,500만 원이고 이중 전액 배당자는 5명의 임차인이었다. 바로 여기서 중요한 함정이 발생한다. 전액 배당자는 배당받고 나가겠지만 나머지 임차인은 계속 거주할 것이다. 또한 전액 배당받고 나간 빈 원룸을 토지 낙찰자가 임대할 수 있을까? 답은 '아니다'다. 그럼 누가 세를 놓을 수 있을까? 바로 건물주다. 건물주가 빈방에 새로운 임차인을 다시 임대할 수 있다는 점이 바로 이 물건의 함정이다. 건물 등기부가 없으므로 새로 들인 임차인도 대항력이 발생할 터, 이 원룸에 거주하는 모든 임차인은 시기에 상관없이 대항력이 발생하고 있다.

진퇴양난의 현실

　물론 해당 건물은 법정지상권이 성립되지 않아 철거할 순 있다. 토지주가 건물주를 상대로 건물의 철거 및 그 대지의 인도를 청구하는 상황에서 대항력 있는 임차인이라도 퇴거청구에 대항할 수 없기 때문이다(대법원 2010다43801판결). 하지만 토지 낙찰자의 근본 목적은 해당 건물을 철거하려는 게 아니지 않는가. 토지를 낙찰받은 목적은 아마도 건물주에게 되팔거나, 철거를 빌미로 해당 건물을 싸게 매입해 토지+건물의 완전체를 만들 계획이었을 것이다. 또는 사용료 청구를 원인으로 건물만 경매에 넣어 토지주 본인이 싸게 낙찰받을 심산도 있었을 것이다. 법정지상권이 성립되지 않아 어차피 철거될 운명이니 입찰하려는 사람이 없어 한없이 유찰될 것이기 때문이다.

보통의 경우 토지주가 건물을 싸게 낙찰받아 토지+건물의 완전체를 만든 뒤 많은 금액의 대출을 받고 임대수익을 얻다가 높은 가격에 매각하는 게 수순인데, 이 건물엔 그저 헛된 꿈에 불과하다. 건물주가 되면 대항력 있는 임차인의 보증금을 모두 물어줘야 하는데 무슨 수로 낙찰을 잘 받았다고 말할 수 있을까? 따라서 해당 건물의 철거를 목적으로 토지를 낙찰받았다면 승산이 있으나 그렇지 않은 경우라면 눈물겨운 패배다. 또한 철거를 하더라도 14명이나 되는 임차인을 상대로 명도소송을 거쳐 강제집행을 해야 하므로 시간과 비용이 많이 소요된다.

이처럼 단순히 법정지상권이 성립되지 않는다는 논리로 토지 입찰을 감행하면 위험하다. 당장은 아니지만 조금만 멀리 보면 수두룩하게 떠안아야 할 임차인이 많은 물건을 멋모르고 입찰하게 되는 우를 범하지 않도록 각별히 조심하도록 하자.

Plus Tip

서로 승리하는 토지 낙찰 자세법

법정지상권이 성립하지 않는 지상 건물(차지권의 대항력도 없다)이 차지하고 있는 토지가 경매에 나왔을 때, 높은 가격을 써서라도 어떻게든 낙찰을 받고 건물주에게 토지를 팔러 가는 사람이 있다. 하지만 입장을 바꿔 생각해보자. 어떻게 해야 건물주가 수월하게 다시 되살지 말이다.

1. 가급적 토지를 저렴하게 낙찰받아야 건물주에게 매도가 수월하다.
  시세보다 저렴하게 낙찰받을수록 팔기가 수월하다. 참고로 법정지상권이 불성립하는 토지를 첫 매각기일에 최초매각가격으로 낙찰받아도 시세보다 약 30% 싸게 낙찰받을 수 있다. 왜냐하면 지상에 건물이 있는 토지의 감정평가는 통상 소유권행사 제한을 감안해 30%정도 감가하기 때문이다.

2. 건물주의 입장에서 생각해보자. 과연 내가 건물주라면 이 토지를 살 것인지 말이다.

3. 매도자-매수자 모두 윈윈(Win Win)하는 전략을 구사해야 한다.
  예를 들어 건물주가 매수를 하고 싶지만 구매자금이 없다면 토지주는 금융권 대출을 권유하자. 토지·건물이 하나가 되어 건물주 소유가 되면 대출은 쉬워질 것이며, 그 대출금은 토지 매입자금이 되어 토지주에게 돌아온다.

4. 토지를 낙찰받을 당시 건물 등기부 상태를 살피자. 건물 전체에 말소기준등기가 있고 임차인이 없다면 괜찮지만, 그렇지 않다면 훗날 임차인의 전입으로 대항력이 발

생할 수 있어 속전속결 처리해야 한다.

5. 토지를 낙찰받을 당시, 임대차 기간 만료를 앞둔 건물 임차인이 있다면 이의 협조를 구해 서둘러 건물 경매를 진행하는 게 다른 권리를 막을 수 있다.

6. 입지가 좋은 곳이 유리하다. 협상이 원활하지 않을 경우 건물 철거 소송 등으로 인해 1년 이상의 시간이 필요하므로 그사이 지가가 상승하면 매도할 때 높은 가격으로 팔 수 있다(이는 법정지상권이 성립하는 건물을 상대로 지료 청구하는 경우도 마찬가지다. 지가가 상승하는 경우 지료증액 청구(민법제286조)를 통해 더 높은 지료를 청구할 수 있다).

법정지상권 공략 실패 사례

토지만 경매 진행된 내역

매각 제외되는 지상 건물 모습

　이 사례는 태안 바닷가 바로 앞에 있는 펜션인데, 토지만 경매로 나온 경우다. 매각 제외되는 지상 건물은 등기부가 없는 미등기 건물인데, 법정지상권이 성립되지 않는다 해도 가급적 이런 물건엔 입찰하지 않는 게 좋다. 그 이유는 토지를 낙찰받고 추후에 건물을 경매로 넣어 싸게 낙찰받을 목적일 텐데 예상대로 진행되질 않을 가능성이 높기 때문이다. 훗날 건물주가 건물 등기를 먼저 하면서 1번으로 가등기나 가처분을 설정해놓으면 입찰 불능이 생길 수 있으며, 또한 이 건물의 임차인은 무조건 대항력이 생겨 토지주가 건물을 낙찰받더라도 임차인 보증금+경매비용이 소요되므로 이 금액의 합이 건물 가격을 넘어버리면 입찰을 할 수 없기 때문이다. 그럼에도 6명이나 입찰을 한 것으로 봐서 이런 위험함을 감지하지 못하는 사람들이 꽤 많다는 것을 다시 한 번 느낀다.

건물만 매각된 내역

건물 등기부 내역

하지만 다행히 걱정했던 상황은 일어나지 않았다. 건물주는 발 빠른 대응을 하지 않았고, 토지 낙찰자는 건물에 대해 사용료 청구를 한 뒤 가압류 촉탁을 원인으로 건물보존등기 후 소송을 거쳐 해당 건물을 경매 신청했다. 법정지상권이 성립하지 않는 건물이 경매 나왔으니 이 건물은 이제 토지 낙찰자 것이라고 봐도 무방하다. 하지만 건물 낙찰자는 토지주가 아닌 16인의 공동투자자였다(토지 낙찰자가 '건물철거를 위한 가처분'을 하고 경매를 진행했으면 좋았을 텐데 하는 아쉬움이 남는 대목이다).

토지주가 사준다는 착각에 빠지지 말자

어쨌든 이 건물을 낙찰받은 공동투자자는 토지주에게 건물을 팔려고 했을 것이다. 아마 여러분이 낙찰받았어도 같은 목적이었을 것이다. 하지만 이 부분이 바로 함정에 빠지는 부분이다. 토지주가 건물을 일반매매로 살 확률은 0%에 가깝다. 솔직히 더 유찰되길 기다렸다 낙찰받은 심산인 토지주인데 누가 낚아채듯 건물을 낙찰받아 갔으니 속이 부글부글 끓을 것이다. 그런 토지주에게 건물을 팔러 간다고 넙죽 사주길 바라는 순진한 생각은 하지 말아야 한다.

토지주는 건물주를 압박할 수단으로 먼저 지료청구를 할 것인데, 실제 건물 철거 등 사건의 집행권원으로 월 58만 6,000원의 지료를 청구했다는 기록이 있다. 펜션운영 수익으로 지료를 줄 정도면 애초에 건물이 경매 나오지도 않았다. 앞의 상황을 다시 기억해

보자. 전 건물주가 토지주의 사용료 청구에 응하지 못해 경매 나온 것을 말이다. 결국 이번 낙찰자도 지료를 주지 못하자 토지주의 경매신청으로 건물이 다시 경매 시장에 등장했다.

소재지	충청남도 태안군 안면읍 정당리 ▒▒▒▒ 도로명검색 D지도 ▶지도						
물건종별	숙박시설	감정가	101,988,980원	오늘조회: 1 2주누적: 1 2주평균: 0 조회동향			
				구분	입찰기일	최저매각가격	결과
토지면적	토지는 매각제외	최저가	(24%) 24,487,000원	1차	2015-12-08	101,988,980원	유찰
				2차	2016-01-12	71,392,000원	유찰
건물면적	295.18㎡(89.292평)	보증금	(10%) 2,450,000원	3차	2016-02-23	49,974,000원	유찰
				4차	2016-03-29	34,982,000원	유찰
매각물건	건물만 매각	소유자	심형▒▒외 15명	5차	2016-05-03	24,487,000원	
				낙찰: 27,500,000원 (26.96%)			
				(입찰2명,낙찰:경기 이재▒▒)			
개시결정	2015-07-30	채무자	심형▒외 15명	매각결정기일: 2016.05.10 - 매각허가결정			
				대금지급기한: 2016.06.16			
사건명	강제경매	채권자	김은▒	대금납부 2016.05.20 / 배당기일 2016.06.22			
				배당종결 2016.06.22			

다시 경매 진행된 해당 건물

이번 낙찰자가 토지주의 측근이라면 더이상 건물이 경매로 나오지 않겠지만 만에 하나 다른 분이라면 또다시 경매로 진행될 것이다. 건물만 나온 것을 낙찰받는 것은 칼날을 쥐고 있는 것과 같다. 토지만 매각하는 물건은 대박날 수 있지만 건물만 매각하는 물건은 쪽박일 수 있으니 각별히 신중해야 한다.

공동저당권인데 토지만 경매로 진행된 이유

소 재 지	경기도 양평군 강하면 운심리 ▇▇▇			
물건종별	대지	감 정 가	116,100,000원	
토지면적	387㎡(117.068평)	최 저 가	(80%) 92,880,000원	
건물면적	건물은 매각제외	보 증 금	(10%) 9,290,000원	
매각물건	토지만 매각	소 유 자	장영▇	
개시결정	2012-09-04	채 무 자	장영▇	
사 건 명	임의경매	채 권 자	신라저축은행	

구분	입찰기일	최저매각가격	결과
1차	2013-03-04	116,100,000원	유찰
2차	2013-04-08	92,880,000원	

낙찰 : 118,173,000원 (101.79%)
(입찰4명, 낙찰:김서▇▇)
매각결정기일 : 2013.04.15 - 매각허가결정
대금지급기한 : 2013.05.24
대금납부 2013.05.13 / 배당기일 2013.06.17
배당종결 2013.06.17

토지만 매각된 사례

지상의 건물 모습

• 건물등기부 (채권액합계 : 184,100,000원)						
No	접수	권리종류	※주의 : 건물은 매각제외	채권금액	비고	소멸여부
1	1988.09.24	소유권이전(매매)	안창○			
2	2008.07.28	소유권이전(매매)	장영○			
3	2008.07.28	근저당	신라저축은행	74,100,000원	변경전:주식회사신라상호저축은행	
4	2010.01.19	근저당	오연○	110,000,000원		
5	2012.09.04	임의경매	신라저축은행	청구금액: 59,527,683원	2012타경○○○○	

• 토지등기부 (채권액합계 : 184,100,000원)						
No	접수	권리종류	권리자	채권금액	비고	소멸여부
1	2008.07.28	소유권이전(매매)	장영○			
2	2008.07.28	근저당	신라저축은행	74,100,000원	말소기준등기 변경전:주식회사신라상호저축은행	소멸
3	2010.01.19	근저당	오연○	110,000,000원		소멸
4	2012.09.04	임의경매	신라저축은행 (여신관리부)	청구금액: 59,527,683원	2012타경○○○○	소멸

건물 및 토지 등기부 내역(건물은 매각 제외)

토지 위에 2층 단독주택이 있는 상태에서 토지만 경매로 매각되었는데, 감정가를 넘는 가격으로 누군가 낙찰을 받았다. 이 물건에는 토지와 건물 등기부가 똑같은 채권자에 의해 근저당권이 설정되어 있음에도 토지만 경매로 나온 이유는, 건물의 등기부가 현재 건물이 아닌 구 건물 등기부이기 때문이다. 즉, 해당 토지 위에 옛 건물은 철거되고 새로운 건물이 지어졌는데 면적이 비슷하다 보니 소유자가 새로운 등기를 하지 않고 옛 건물의 등기를 그대로 사용해서 생기는 문제다. 그러다 보니 현재 건물은 미등기 건물인 셈이다. 그런데 문제는 여기서 생긴다.

임차인현황 (말소기준권리 : 2008.07.28 / 배당요구종기일 : 2012.12.10)						
임차인	점유부분	전입/확정/배당	보증금/차임	대항력	배당예상금액	기타
박○화	주거용 전부	전 입 일: 2011.12.13 확 정 일: 2011.12.13 배당요구일: 2012.10.11	보140,000,000원			
기타사항	▶ 위 임차인(박○화)은 매각에서 제외되는 건물의 임차인임. ☞박○화 : 위 주택임차는 현황 소재불명인 등기된 건물이 아닌 제시외 미등기 건물에 대한 것임.					

해당 건물의 임차인 현황

해당 건물에는 2011년 11월 12일자 전입한 임차인이 거주 중이다. 임차보증금은 1억 4,000만 원으로 배당요구를 마쳤다. 하지만 토지만 매각인 상태니 토지 등기부 순서상 임차인은 배당순위가 3위여서 배당금 부족으로 보증금을 배당받지 못한다. 현재 건물 등기부가 없어 현재 상태론 임차인의 대항력을 판단할 수 없지만, 새로운 건물 등기부가 만들어지는 순간 이 임차인은 대항력을 얻게 돼 건물 낙찰자에게 인수 대상이다.

앞선 토지 낙찰자는 지료청구를 이유로 해당 건물을 가압류했다. 이후 본안소송을 거쳐 건물을 경매 진행하게 된다.

소재지	경기도 양평군 강하면 운심리 ▓▓▓▓ ▓▓▓			
물건종별	주택	감정가	224,069,240원	
토지면적	토지는 매각제외	최저가	(24%) 53,799,000원	
건물면적	249.21㎡(75.386평)	보증금	(10%) 5,380,000원	
매각물건	건물만 매각	소유자	장영▓	
개시결정	2015-08-04	채무자	장영▓	
사건명	강제경매	채권자	김서▓	

구분	입찰기일	최저매각가격	결과
1차	2016-11-09	224,069,240원	유찰
2차	2016-12-14	156,848,000원	유찰
	2017-01-25	109,794,000원	변경
3차	2017-02-22	109,794,000원	유찰
4차	2017-03-29	76,856,000원	유찰
5차	2017-05-10	53,799,000원	

낙찰 : 54,100,000원 (24.14%)
(입찰2명, 낙찰:황성▓ /
차순위금액 53,873,300원 / 차순위신고)
매각결정기일 : 2017.05.17 - 매각허가결정
대금지급기한 : 2017.06.26
대금납부 2017.06.26 / 배당기일 2017.07.26
배당종결 2017.07.26

건물만 경매 매각 결과

No	접수	권리종류	권리자	채권금액	비고	소멸여부
1(갑1)	2015.02.05	소유권보존	장영▓		가처분 등기의 촉탁으로 인하여	
2(을1)	2015.04.30	주택임차권(전부)	박▓화	140,000,000원	전입:2011.12.13 확정:2011.12.13	
3(갑5)	2015.05.13	가압류	김서▓	9,273,600원	말소기준등기 2015카단▓▓▓▓	소멸
4(갑6)	2015.08.04	강제경매	김서▓	청구금액: 9,897,909원	2015타경▓▓▓▓	소멸

건물 등기부 내역

　　해당 건물의 낙찰가격은 5,400만 원이지만 경매 집행비용을 제하면 5,000여만 원 될 것이다. 이 돈으로 임차인에게 배당하면 미배당된 9,000만 원을 인수해야 한다. 따라서 해당 건물 낙찰가격은 1억 4,400만 원인 셈이다. 자, 그렇다면 건물 낙찰자가 토지주 측근이라 해도 일반적인 법정지상권이 성립하지 않는 물건보다 건물 값을 매우 비싸게 매입하는 셈이다. 더군다나 타인이 건물을 낙찰받아 토지주에게 팔 생각이었다면 언감생심이다. 토지주가 입찰하면 될 텐데 일반매매로 살 리가 없기 때문이다. 또한 토지주가 산다 한들 임차인의 잔여 보증금을 인수해야 한다. 따라서 이 물건은 애초 토지 경매부터 가급적 입찰을 하지 말았어야 할 물건이다. 토지를 아무리 싸게 사도(실제론 감정가 이상으로 낙찰받았으니 싸게 산 것도 아님) 건물 값으로 더 비싼 비용을 지출해야 하므로 답이 없는 것이다. 따라서 단순히 법정지상권 성립 유무만 따져 입찰하는 우를 범하지 말고, 사후 처리 과정도 미리 분석해 보는 지혜가 필요하다.

토지와 건물의 등기부가 다를 때 배당의 함정

경매 진행된 내역

해당 다가구(원룸) 모습

이 사례는 토지와 건물의 일괄매각으로 법정지상권 문제라기보다는 배당의 함정에 관한 물건이다. 토지와 건물의 등기 설정일이 다른 경우 많은 분들이 함정에 빠지는 경우가 많은데, 사례에서도 두 번의 잔금 미납이 나오며 약 4,250만 원(최저매각가액 10%), 4,160만 원(재매각으로 20%)의 보증금을 몰수당했다. 어쩌다 이들은 수천만 원의 보증금을 날리면서 잔금을 미납할 수밖에 없었는지 분석해 보자.

• 건물등기부 (채권액합계 : 214,131,772원)

No	접수	권리종류	권리자	채권금액	비고	소멸여부
1(갑1)	2017.02.07	소유권보존	경미▒			
2(을1)	2018.05.21	근저당	검○신협	133,800,000원	말소기준등기	소멸
3(갑2)	2018.08.30	가압류	천안축협	39,249,433원	2018카단▒	소멸
4(갑3)	2018.09.12	가압류	효성캐피탈(주)	17,082,339원	2018카단▒	소멸
5(갑4)	2018.09.13	임의경매	검○신협	청구금액: 264,111,782원	2018타경▒	소멸

● 토지등기부 (채권액합계 : 392,331,772원)

No	접수	권리종류	권리자	채권금액	비고	소멸여부
1(갑6)	2009.09.29	소유권이전(증여)	정미■,정광■		각 1/2	
2(갑9)	2016.01.20	정광■지분전부이전	정미■		매매, 1/2, 거래가액:100,000,000원	
3(을5)	2016.04.27	근저당	검○신협	312,000,000원	말소기준등기	소멸
4(을6)	2016.04.27	지상권(토지의전부)	검○신협		존속기간: 2016.04.27~2046.04.27 만30년	소멸
5(갑14)	2018.08.30	가압류	천■축협	39,249,433원	2018카단■	소멸
6(갑15)	2018.09.12	가압류	효성캐피탈(주)	17,082,339원	2018카단■	소멸
7(갑16)	2018.09.13	임의경매	검○신협	청구금액: 264,111,782원	2018타경■	소멸

토지와 건물에 1순위로 검○신협의 근저당권이 설정돼 있는데, 건물은 2018년 5월 21일, 토지는 2016년 4월 27일로 설정일이 다르단 점이 문제다. 이 건물에는 임차인 세 명이 거주 중인데 모두 건물의 근저당 설정일보다 전입일자가 빨라 대항력이 있다. 임차인은 모두 배당요구를 했고, 보증금의 합은 5억 1,000만 원이다.

● 임차인현황 (말소기준권리 : 2018.05.21 / 배당요구종기일 : 2018.11.19)

임차인	점유부분	전입/확정/배당	보증금/차임	대항력	배당예상금액	기타
공두■	주거용 201호 전부	전 입 일: 2017.02.03 확 정 일: 2017.03.08 배당요구일: 2018.10.04	보180,000,000원	있음	배당순위있음 미배당보증금 매수인인수	
이상■	주거용 101호 전부	전 입 일: 2017.01.31 확 정 일: 2017.01.31 배당요구일: 2018.09.28	보180,000,000원	있음	배당순위있음	
최미■	주거용 301호 전부	전 입 일: 2017.03.03 확 정 일: 2017.03.03 배당요구일: 2018.10.18	보150,000,000원 월150,000원	있음	배당순위있음 미배당보증금 매수인인수	

임차인수: 3명, 임차보증금합계: 510,000,000원, 월세합계: 150,000원

감정평가 비율대로 배당을 나눈다

토지와 건물의 등기가 다른 경우 감정가 비율대로 나눠 토지와 건물을 배당한다. 해당 토지가격은 대략 3억 7,000만 원이고 건물은 대략 2억 3,000만 원이므로 토지와 건물의 배분 비율은 6:4 정도다.

목록	지번	용도/구조/면적/토지이용계획		㎡당 단가 (공시지가)	감정가
토지	복정동	비행안전제5구역(전술),제한보호구역(전술항공:5km),과밀억제권역,도...	대 195㎡ (58.988평)	1,920,000원 (1,655,000원)	374,400,000원
건물	1	성남대로1379번길	1층 다가구주택	65.56㎡(19.832평)	1,176,000원	77,098,560원
	2	철근콘크리트구조(철근)콘크리트지붕	2층 다가구주택	64.48㎡(19.505평)	1,176,000원	75,828,480원
	3		3층 다가구주택	64.48㎡(19.505평)	1,176,000원	75,828,480원
		면적소계 194.52㎡(58.842평)			소계 228,755,520원

감정평가 내역

이를 토대로 첫 낙찰자의 5억 원으로 배당을 해보면 3억 원은 토지, 2억 원은 건물 배당이다. 토지에 처음 근저당 설정할 당시에는 건물이 없었으므로 당연히 임차인도 토지분에서는 배당을 못 받고 건물분에서만 받아야 한다. 대항력 있는 임차보증금은 5억 1,000만 원이며 건물 배당액은 2억 원이다. 따라서 남은 3억 1,000만 원의 보증금을 낙찰자가 인수해야 한다. 감정가 6억 원의 토지 및 건물을 8억 1,000만 원에 낙찰받은 상황이니, 눈물을 머금고 4,250만 원의 보증금을 포기한 것이다. 다음 낙찰자도 같은 원리로 잔금 납부를 포기했다.

최종적으로 2억 1,000만 원에 낙찰받은 사람의 배당을 살펴보자. 앞서 두 번의 몰수당한 보증금인 약 8,400만 원이 배당재단에 포함된 총배당액은 2억 9,400만 원이 된다. 이를 토지와 건물 비율인 6:4로 나누면 토지 배당금은 1억 7,600만 원, 건물 배당금은 1억 1,700만 원이 된다. 임차인의 총보증금이 5억 1,000만 원이므로 미배당된 3억 9,300만 원을 낙찰자가 인수하게 된다. 낙찰대금에 인수되는 보증금을 합하면 6억 원이 넘으므로 시세에 준해 낙찰받았다고 볼 수 있다. 결론적으로 토지와 건물의 등기가 다른 경우 대항력 있는 임차인 여부가 관건이므로 신중히 접근해야 한다. 경매 성공은 임차인 분석에 달려 있다 해도 과언이 아니기 때문이다.

법정지상권 물건의 대박 패턴

토지만 매각된 경매 진행 내역

지상의 건물 모습

　전북 완주군에 위치한 토지 260여 평이 경매에 나왔다. 지상의 건물은 매각 제외인데, 1층은 상가이며 2~4층은 원룸이 있는 집합 건물의 형태. 6차선 대로 옆에 붙은 이 건물 바로 옆에는 우○대학교가 있어 입지가 매우 좋았다.

No	접수	권리종류	권리자	채권금액	비고	소멸여부
1(갑4)	2013.10.21	공유자전원지분전부이전	(주)대연이앤지		매매, 거래가액 금480,000,000원	
2(을4)	2014.08.27	근저당	도 · 조합 (전주지점)	600,000,000원	말소기준등기	소멸
3(을7)	2014.08.28	지상권(토지의전부)	도드람양돈협동조합		존속기간: 2014.08.27~2044.08.27 만30년	소멸
4(갑7)	2015.03.02	소유권이전(매매)	김용■		거래가액:600,000,000	
5(을10)	2015.03.06	근저당	이강■	450,000,000원		소멸
6(갑8)	2015.09.14	가압류	김종■	28,500,000원	2015카단■■■	소멸

토지 등기부 내역

　이 물건이 매우 좋은 이유는 사람들이 지상의 건물을 개별 분양 받았단 점이다. 토지를 낙찰받으면 건물 소유자들에게 대지권을 팔

수 있는 확률이 매우 높다. 토지 등기부를 보면 지상권이 설정돼 있어 건물을 철거할 수도 있지만 건물을 철거하는 것은 아무 이득이 없으므로 법정지상권 성립 여부는 의미가 없는 상황이다. 따라서 토지 낙찰자는 대지를 분할해 판매할 수 있는 전략을 세우면 좋다. 만약 건물 소유자들이 대지권을 사지 않는다면 이들은 토지 낙찰자에게 지료를 줘야 하는데 지료는 토지 시세의 약 8%정도를 청구할 수 있다.

따라서 대지를 팔면 바로 수익이 나지만 안 사더라도 지료가 발생하므로 무조건 수익이 발생할 물건이다. 만약 지료를 주지 않으면 건물만 경매 신청해서 처리할 수 있는데, 이때 건물 등기부에 '건물 철거를 위한 가처분'을 같이 신청하면 아무도 건물을 낙찰받지 못한다. 한없이 유찰되길 기다렸다 아주 저렴한 가격에 낙찰받아 대지+건물의 온전한 물건으로 만들어 높은 수익을 낼 수 있다. 개인적으로 이런 패턴의 물건은 노후 자금을 운용하실 분들에게 강력히 추천하고 싶다.

 Plus Tip

**토지 낙찰자, 법정지상권 불성립하는
지상 건물 대처법**

1. 낙찰받은 후 제일 먼저 토지를 낙찰받은 사실을 내용증명 우편을 통해 건물주에게 알린다.
2. 매각대금 완납과 동시에 지상 건물에 대해 '건물철거 및

토지 인도청구권'을 피보전권리로 하는 가처분 등기를 한다. 만약 건물이 미등기일 경우 건축물관리대장 등에 의해 건물을 대위에 의한 보존등기 조치를 해야 한다.

3. 건물주의 불법점유를 원인으로 '손해배상청구소송'을 제기하여 판결문을 받아 놓는다.

4. 법정지상권이 성립 안 되는 이유로 건물에 대해 '건물철거소송'을 제기한다.

5. 만약 건물에 임차인이 있다면 건물이 토지를 적법하게 사용할 권리가 없어 건물을 철거해야 하므로 그전에 '퇴거명령에 의한 강제 명도집행'을 한다.

6. 위와 같이 상대방을 여러 방법으로 압박하면 협상에 유리한 고지를 선점할 수 있을 것이다. 다만, 토지를 낙찰받은 토지주는 소송 진행에 따른 시간적 여유와 자금력이 필요함을 명심해야 한다.

7. 상대방과 협상으로 해결되면 더할 나위 없이 좋겠지만 만약 해결되지 않는다면 판결문으로 지상 건물을 강제경매 신청하자. 법정지상권이 성립하지 않는 건물이니 함부로 입찰에 들어올 사람이 없을 터다. 그러므로 저렴한 가격에 건물을 낙찰받고 나서 토지·건물 온전한 물건으로 묶어서 부동산 시장에 매물로 내놓는다면 예상하지 못한 큰 수익을 얻을 수 있을 것이다.

 에필로그

부자 마인드로 특수경매를 즐겨보자

우리는 이제까지 재매각, 선순위 임차인, 유치권, 지분, 법정지상권이라는 특수물건을 어떻게 분석하고 공략하는지 배웠다. 읽고 난 소감은 어떤가? 같은 책을 읽으면서도 누구는 할 수 있다는 기회를 보고, 누군가는 자신 없다는 생각을 가질 수 있다.

무일푼에서 불과 2년 반 만에 백만장자가 되어 전 세계인의 부의 멘토가 된 하브 에커(T. Harv Eker)는 부자와 빈자의 마인드를 이렇게 말했다.

- 부자들은 매사에 긍정적이며, 빈자들은 매사에 부정적이다.
- 부자는 만물에서 기회를 보고, 빈자는 만물에서 장애를 본다.
- 누구에게나 문제는 있다. 부자는 문제보다 목표에 집중하고, 빈자는 목표보다 문제에 집중한다.

여러분의 마인드는 어떤가? 필자는 여러분이 긍정의 자신감을 갖고 특수물건에 도전하길 응원한다. 우리는 단지 낙찰의 경험을 쌓기 위해서가 아니라 수익을 얻기 위해서 경매를 한다. 사람들이 많이 몰리는 일반물건과 적은 사람이 선택하는 특수물건, 둘의 수익 차이는 확연하게 눈에 보일 것이다. 그럼에도 사람들은 특수물건에 도전하는 것을 망설인다. 괜찮다. 누구나 초보 시절이 있다. 25년 동안 경매를 했지만, 아무것도 모르는 햇병아리 시절이 필자에게도 있었다.

책에 아무리 좋은 노하우가 있다 해도 써먹지 않으면 한낱 글씨일 뿐이다. 소액으로 한 건이라도 직접 특수물건을 낙찰받아 처리해보는 과정에서 크게 실력이 향상된다. 자신감을 갖고 부딪쳤을 때 비로소 달콤한 열매를 얻을 수 있으니 오늘부터 당장 부자 마인드로 특수물건에 도전해보길 바란다.

일부 특수물건은 법률이나 판례 등을 바탕으로 하다 보니 독자분들을 쉽게 이해시켜드리는 것에 한계가 있어 아쉬움이 남는다. 또한, 필자의 주관적 입장으로 내용을 정리하다보니 일부 주제를 소홀히 다루거나 부족한 부분이 있을 수도 있다. 향후 독자 여러분이 아낌없는 질책을 주신다면 좀 더 개선된 책으로 거듭날 수 있도록 지속적으로 수정·보완해 나갈 것을 약속한다.

마지막으로 부족한 원고를 책으로 출간할 수 있도록 다듬어 준 유영선 님과 수정·보완 작업을 함께해준 제자 이승수, 김동한, 박상우, 손호영의 수고에 감사드리며, 덧붙여 항상 부족한 사람을 인정해주고 함께해준 이연승 님께도 고개 숙여 감사드린다.

부동산 경매, 초보에서 탈출하라

제1판 1쇄 2020년 11월 20일

지은이 배중렬, 장치근
펴낸이 서정희 **펴낸곳** 매경출판㈜
기획제작 ㈜두드림미디어
책임편집 이향선
마케팅 신영병, 이진희, 김예인

매경출판㈜
등록 2003년 4월 24일(No. 2-3759)
주소 (04557) 서울시 중구 충무로 2 (필동1가) 매일경제 별관 2층 매경출판㈜
홈페이지 www.mkbook.co.kr
전화 02)333-3577(내용 문의 및 상담) 02)2000-2636(마케팅)
팩스 02)2000-2609 **이메일** dodreamedia@naver.com
인쇄·제본 ㈜M-print 031)8071-0961
ISBN 979-11-6484-181-3 (03320)

책값은 뒤표지에 있습니다.
파본은 구입하신 서점에서 교환해드립니다.

이 도서의 국립중앙도서관 출판예정도서목록(CIP)은 서지정보유통지원시스템 홈페이지(http://seoji.nl.go.kr)와
국가자료공동목록시스템(http://www.nl.go.kr/kolisnet)에서 이용하실 수 있습니다.
(CIP제어번호: CIP2020046456)

《부동산 도서 목록》

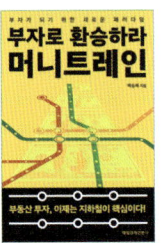

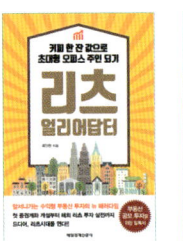   

두드림미디어
경매·경매, 재테크, 자기계발, 실용서 전문 임프린트

가치 있는 콘텐츠와 사람
꿈꾸던 미래와 현재를 잇는 통로
Tel : 02-333-3577
E-mail : dodreamedia@naver.com

㈜두드림미디어 카페
(https://cafe.naver.com/dodreamedia)